essentials liefern aktuelles Wissen in konzentrierter Form. Die Essenz dessen, worauf es als „State-of-the-Art" in der gegenwärtigen Fachdiskussion oder in der Praxis ankommt. *essentials* informieren schnell, unkompliziert und verständlich

- als Einführung in ein aktuelles Thema aus Ihrem Fachgebiet
- als Einstieg in ein für Sie noch unbekanntes Themenfeld
- als Einblick, um zum Thema mitreden zu können

Die Bücher in elektronischer und gedruckter Form bringen das Expertenwissen von Springer-Fachautoren kompakt zur Darstellung. Sie sind besonders für die Nutzung als eBook auf Tablet-PCs, eBook-Readern und Smartphones geeignet. *essentials:* Wissensbausteine aus den Wirtschafts-, Sozial- und Geisteswissenschaften, aus Technik und Naturwissenschaften sowie aus Medizin, Psychologie und Gesundheitsberufen. Von renommierten Autoren aller Springer-Verlagsmarken.

Weitere Bände in der Reihe http://www.springer.com/series/13088

Julia Böhm · Angelika Eberhardt
Stefan Luppold

Simultandolmetschen

Erfolgsfaktor für internationale Events

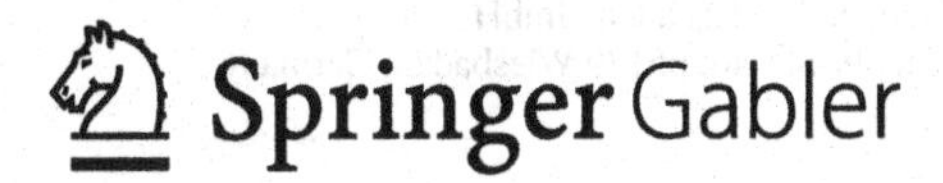

Julia Böhm
Ostfildern/Stuttgart, Deutschland

Prof. Stefan Luppold
Duale Hochschule Baden-Württemberg
Ravensburg, Deutschland

Angelika Eberhardt
Genf, Schweiz

ISSN 2197-6708 ISSN 2197-6716 (electronic)
essentials
ISBN 978-3-658-19227-3 ISBN 978-3-658-19228-0 (eBook)
DOI 10.1007/978-3-658-19228-0

Die Deutsche Nationalbibliothek verzeichnet diese Publikation in der Deutschen Nationalbibliografie; detaillierte bibliografische Daten sind im Internet über http://dnb.d-nb.de abrufbar.

Springer Gabler

Gedruckt auf säurefreiem und chlorfrei gebleichtem Papier

Springer Gabler ist Teil von Springer Nature
Die eingetragene Gesellschaft ist Springer Fachmedien Wiesbaden GmbH
Die Anschrift der Gesellschaft ist: Abraham-Lincoln-Str. 46, 65189 Wiesbaden, Germany

Was Sie in diesem *essential* finden können

- Einen umfassenden Einblick in die Tätigkeit von Konferenzdolmetschern
- Wie internationale Veranstaltungen vom Simultandolmetschen profitieren
- Welche technischen Voraussetzungen für eine gelungene Simultanverdolmetschung erfüllt sein müssen und welche Möglichkeiten neue Technologien bieten
- Wie Event-Projektmanager qualifizierte Anbieter finden und die für den jeweiligen Anlass geeignetsten auswählen können
- Wie die Zusammenarbeit mit einem Beratenden Dolmetscher („Dolmetsch-Caterer“) und ein Dolmetschprojekt ablaufen

Vorwort

Mit der Globalisierung nehmen die internationalen Verflechtungen und damit auch die Zahl der Konferenzen mit internationalen Teilnehmern zu. Wirtschaftskommunikation wird zwangsläufig mehrsprachiger – und das Simultandolmetschen als optimaler Mehrwert für Sprachraum übergreifende Events steht mehr denn je im Fokus. Es ist ein wesentlicher Baustein, der Verstehen, Verständnis und Verständigung gleichermaßen charakterisiert – und damit in vielerlei Hinsicht sogar die Aufgabe eines Schlusssteins übernimmt.

Nicht „notwendiges Übel bei Veranstaltungen", sondern „wesentliche Chance zur Gestaltung erfolgreicher Begegnungen" ist das Credo. Hierzu bedarf es aber eines Grundverständnisses, das wir in diesem *essential* Event-Managern und allen Personen, die mit der Organisation von internationalen Veranstaltungen befasst sind, vermitteln.

Diese Publikation ist eine Weiterführung von Vorlesungsinhalten, die für die DHBW (Duale Hochschule Baden-Württemberg) Ravensburg und den Studiengang „Messe-, Kongress- und Eventmanagement" entwickelt wurden und dort seit dem Jahr 2005 zum curricularen Inhalt gehören.

Inhaltsverzeichnis

1 Einleitung 1
1.1 Die Rolle von Sprache und Kommunikation bei Events in Deutschland 2
1.2 Der Mehrwert von Verdolmetschung 3
1.3 Der Dolmetschermarkt – Überblick, Entwicklung, Konsequenzen 5

2 Begriffsbestimmungen 9

3 Technisches Equipment 13
3.1 Simultandolmetschtechnik 13
3.2 Personenführungsanlage (PFA) 17

4 Dolmetschen in der Welt der neuen Technologien 21
4.1 Vor- und Nachteile virtueller und hybrider Events 23
4.2 Potenzierter Mehrwert durch Dolmetscher 24
4.3 Hochwertige Remote-Verdolmetschung – technische Einflussfaktoren bei Nicht-Präsenz der Dolmetscher 25
4.4 Digitaler Dolmetscher 27

5 Qualifikation und Qualität 29
5.1 Eignung und Qualifikation 29
5.2 Qualitätssicherung durch die Berufsverbände 31
5.3 Berufs- und Ehrenkodizes im Dienste der Qualitätssicherung 32
5.4 Neue Norm DIN EN ISO 2347:2017 33
5.5 Qualitätssicherung und Vorbereitung 36

6 Auswahl von Dolmetschern/Zusammenstellung von Dolmetscherteams 41
6.1 Sprachkombinationen – Grundlage für die Auswahl von Dolmetschern 41
6.2 Konfigurationen – Abdeckung der Sprachkombinationen beim Simultandolmetschen 42

7 Beratende Dolmetscher – Mehrwert für Event-Manager 47
7.1 Auswahlkriterien – Beratende Dolmetscher 47
7.2 Leistungsbereiche und Mehrwert 49
7.3 Typischer Ablauf eines Dolmetschprojekts 50
7.4 Logistik für Konferenzdolmetscher 52
7.5 Zeitplanung für den Einsatz von Konferenzdolmetschern 52

Literatur 57

Über die Autoren

Julia Böhm selbstständige Konferenzdolmetscherin und beratende Dolmetscherin sowie Dozentin an der DHBW Ravensburg im Studiengang Messe-, Kongress- und Eventmanagement.

Angelika Eberhardt Konferenzdolmetscherin und beratende Dolmetscherin sowie Dozentin an der DHBW Ravensburg im Studiengang Messe-, Kongress- und Eventmanagement.

Prof. Stefan Luppold Studiengangsleiter BWL – Messe, Kongress- und Eventmanagement an der DHBW Ravensburg.

1 Einleitung

Veranstaltungen wie Messen, Konferenzen und Marketing-Events (im Folgenden: Events) dienen der Kommunikation zwischen Menschen und werden daher auch als „Begegnungs-Kommunikation" bezeichnet. Die Mehrsprachigkeit wird dabei zu einem bedeutenden Faktor für die Internationalität des Eventstandorts Deutschland. Die Sprachdienstleistungs- und damit auch die Dolmetschbranche gelten als einer der dynamischsten Wachstumsmärkte der Welt und insbesondere der EU. Aufgrund niedriger Markteintrittsschranken und mangelnder Regulierung besteht ein stetiger Zustrom nicht unbedingt qualifizierter Anbieter, sodass Event-Projektmanager bei der Auswahl von Anbietern und in der Zusammenarbeit mit ihnen von entsprechendem Wissen profitieren, wenn sie ihren Kunden den Mehrwert der Mehrsprachigkeit bieten möchten.

Auf eine detaillierte Unterscheidung der Veranstaltungs-Formate wird verzichtet, da es im Wesentlichen um die Leistung des Dolmetschens geht – unabhängig davon, ob bei Konferenzen oder Tagungen, bei Produktpräsentationen oder Messen. Einen umfassenden Überblick zu verschiedenen Formaten bieten Bühnert (2013b), Goschmann (2013) und Luppold (2013) mir ihren Beiträgen im „Handbuch Messe-, Kongress- und Eventmanagement" (siehe Literaturverzeichnis am Ende dieses *essentials*).

Im Folgenden wird aus Gründen der sprachlichen Vereinfachung nur die männliche Form verwendet. Es sind jedoch stets Personen männlichen und weiblichen Geschlechts gleichermaßen gemeint.

J. Böhm et al., *Simultandolmetschen*, essentials,
DOI 10.1007/978-3-658-19228-0_1

1.1 Die Rolle von Sprache und Kommunikation bei Events in Deutschland

Veranstaltungen wie Messen und Ausstellungen, Kongresse, Tagungen und Konferenzen, Produktpräsentationen und andere Marketing-Events (im Folgenden: Events) dienen in erster Linie der menschlichen Kommunikation. Menschen kommen an einem Ort zusammen, um Wissen zu erhalten, Produkte kennen zu lernen, sich auszutauschen oder auch um Vereinbarungen und tatsächliche Geschäfte abzuschließen (Bauer 2017, S. 538). Wer die Organisation eines Events in Auftrag gibt, ist in der Regel bestrebt, möglichst viel und möglichst gelungene Kommunikation sicherzustellen. Ist die Kommunikation bei einem Event unzureichend oder scheitert sie, so war bestenfalls der Aufwand umsonst, schlimmstenfalls kommt es zu Missverständnissen, Störungen in Beziehungen (beispielsweise mit Kunden oder der Presse) oder gar zum Scheitern einer Geschäftsbeziehung.

Ein weiterer häufig angestrebter Effekt einer Veranstaltung ist, dass der Gastgeber des Events sich und gegebenenfalls sein Unternehmen im allerbesten Licht darstellen möchte, um das Image zu verbessern und den Bekanntheitsgrad zu erhöhen. Hierfür setzen die Kunden hohe Etats ein.

Als Event-Manager oder PCO (Professional Congress Organizer) trägt man mithin Verantwortung dafür, dass solche Kommunikation gelingt und zum Erfolg führt, denn dazu dient das vom Kunden zur Verfügung gestellte Budget. Dabei besteht der finanzielle Aufwand für ein Event nicht nur im tatsächlichen Event-Budget, denn schon die Präsenz bei einer Veranstaltung ist in der Regel für beide Seiten – den Gastgeber und den Teilnehmer – mit Aufwand und Kosten verbunden. Zu nennen wären hier etwa entfallene Arbeitszeiten im Büro, Reisekosten, Spesen und gegebenenfalls Teilnahmegebühren. Aufwand und Kosten dieser Art potenzieren sich bei internationalen Events. Umso mehr ist also entscheidend, dass die Kommunikation wirklich gelingt.

> Laut der Studie ‚Tagung und Kongress der Zukunft' wird die Globalisierung nach der Technologisierung der Megatrend sein, der zukünftig den stärksten Einfluss auf Tagungen und Kongresse haben wird. Seit 2006 hat sich die Anzahl der ausländischen Teilnehmer an Tagungen und Kongressen in Deutschland mehr als verdoppelt. Mehrsprachigkeit bei der Durchführung von Tagungen und Kongressen wird daher immer wichtiger.
>
> Matthias Schultze, Geschäftsführer des GCB (German Convention Bureau), in einem persönlichen Gespräch mit den Autoren (Details zur Studie siehe Göll/Evers-Wölk 2013).

Deutschland ist ein Konferenzstandort mit wachsender Attraktivität für Geschäftsreisende aus dem Ausland (GCB 2017): Es steht auf Platz 2 der führenden Kongressdestinationen nach Ländern, Berlin auf Platz 4 der führenden Städte weltweit (ICCA 2017). Die Verbreitung deutscher Sprachkenntnisse bei den internationalen Besuchern ist freilich begrenzt, so kann das Angebot von Mehrsprachigkeit für Deutschland als Konferenz- und Event-Destination ein ausschlaggebender Wettbewerbsfaktor sein.

1.2 Der Mehrwert von Verdolmetschung

> If the aim is to share ideas on an equal footing and find mutual understanding, simplified English is never enough. In international conferences a chance to listen to one's native language should be accompanied by the right to speak it – and be truly heard (Lucarelli 2016).

Dolmetscher leisten einen Mehrwert bei internationalen Events, denn eine kompetente Verdolmetschung ermöglicht Kommunikation, transportiert Emotionen und Motivation, intensiviert den Austausch über Sprach- und Kulturgrenzen hinweg und sorgt dafür, dass Teilnehmer sich auf Augenhöhe begegnen.

Schon in ihrer Muttersprache gehen Konferenzteilnehmer vorsichtig an Wortbeiträge heran: „Mehr als die Hälfte aller Teilnehmer an beruflichen Veranstaltungen hat Angst davor, den Mund aufzumachen. Zu diesem Ergebnis kommt der Software- und Serviceanbieter für die Veranstaltungs- und Marktforschungsbranche, Lumi, bei einer aktuellen Umfrage“ (Egberink 2016). Laut der Studie bringen sich über die Hälfte der Teilnehmenden bei Meetings nicht mit ihren Ansichten ein. 54 % der befragten Frauen und 41 % der befragten Männer befürchten, sich mit einem eigenen Beitrag lächerlich zu machen.

Kommt nun noch dazu, dass jemand sich in einer Fremdsprache äußern soll, so ist zu erwarten, dass sich der Anteil der Schweigenden weiter erhöht. In der heutigen Zeit, in der die Bedeutung von Kollaboration und Schwarmintelligenz weithin anerkannt ist, die sich nur durch die aktive Beteiligung aller Gruppenmitglieder ergibt (etwa in Formaten wie Fishbowl, Open Space und Barcamp), gilt es, sämtliche in der Gruppe vorhandenen Ressourcen zu nutzen und nicht zu riskieren, dass ein Teilnehmer Wertvolles nicht zur Kommunikation beiträgt (zu „Kollektive Intelligenz“ siehe Wikipedia 2016a). Etwaige sprachliche Hemmnisse baut die Simultanverdolmetschung sicher ab.

Zudem sind Events häufig darauf ausgerichtet, Emotionen zu transportieren und Gefühle von Menschen anzusprechen. Doch eine groß angelegte psychologische

Studie (Keysar et al. 2012) kommt zum Ergebnis, dass in einer Fremdsprache die kognitive und emotionale Distanz der Beteiligten größer ist. Wer bei internationalen Events auf Emotionen setzen möchte – etwa bei Verkaufsveranstaltungen, Produktvorstellungen, imagefördernden Veranstaltungen wie Preisverleihungen, Festakten, Jubiläen, wird demnach sein Publikum nur in der Muttersprache optimal erreichen.

> If I'm selling to you,
> I speak your language.
> If I'm buying from you,
> dann müssen Sie
> Deutsch sprechen
> (Willi Brandt).

Über Motivationsaspekte hinaus spielen wirtschaftliche Effekte eine große Rolle. Die Mehrsprachigkeit einer Veranstaltung mittels Verdolmetschung vergrößert den Kreis möglicher (zahlender) Teilnehmer und auch den Kreis verfügbarer Redner. Schon in der Einladung zum Event kann angekündigt werden, dass eine Simultanverdolmetschung für Englisch, Französisch und Spanisch genutzt werden kann.

Beschränkt man sich hingegen rein auf Englisch als Kommunikationssprache, sehen vielleicht einige interessierte Teilnehmer vom Besuch der Veranstaltung ab. Vor allem aber engt sich auch die Auswahl potenzieller fachkundiger Redner erheblich ein.

Beispiel

Bei einer europäischen Konferenz zum Thema Smart Grid, bei dem es um Energieerzeugung, Netzsteuerung, Energietransport und -verteilung geht, möchte man die Erfahrungen von Stadtwerken aus erster Hand einfließen lassen. Der Anspruch, dass hier ein Redner aus der Praxis auf Englisch berichten soll, hätte folgende Konsequenz: Es wird kein Vertreter entsandt – oder derjenige, der sich nicht scheut, in englischer Sprache vorzutragen. Dieser ist aber nicht notwendigerweise der beste Experte für das Thema.

Auf eine Verdolmetschung kann ohnehin dann nicht verzichtet werden, wenn bei Veranstaltungen mit internationalen Gästen Redner auftreten, die aus Prinzip oder aus protokollarischen Gründen gehalten sind, ihre Muttersprache zu sprechen, z. B. bei Gala-Veranstaltungen, Preisverleihungen, Messeeröffnungen oder Firmenjubiläen, wenn Bürgermeister, Landräte, Landes- oder Bundespolitiker reden.

> In einer Fremdsprache – ohne Dolmetscher – sagt man das, was man sagen kann, und nicht das, was man sagen will (Hans-Dietrich Genscher).

Verdolmetschung bietet einen erheblichen Mehrwert für internationale Events. Sie intensiviert den Austausch und lässt die emotionale Botschaft bei imageträchtigen Veranstaltungen wirkungsvoller ankommen.

Die Erfahrung der Autoren mit vielen hundert Konferenzen bestätigt dies: Handelt es sich um Vortragsveranstaltungen, etwa Fachkonferenzen oder Management-Meetings, so hat das Zurückgreifen auf Englisch als „kleinstem gemeinsamen Nenner" die Folge, dass die meisten Redner aufgrund der kommunikativen Unsicherheit fachlich weit weniger kompetent wirken, als sie es in Wirklichkeit sind. Die Unsicherheit, die übrigens oft in einer weniger souveränen Körpersprache offenbar wird, resultiert zum Beispiel darin, dass eine eigentlich angesetzte Fragerunde nach dem Vortrag ausbleibt und ungewollte Stille entsteht. Mit seinem weniger souveränen Auftritt hat der Redner diese Fragen gar nicht „herausfordert", da er sich in einer Fragerunde noch unsicherer fühlen würde, denn diese ist in der Fremdsprache nicht plan- und einübbar. Sie kann aber auch darin liegen, dass die Zuhörer den Vortrag nicht ausreichend verstanden haben (oder das zumindest annehmen) oder sich ihrerseits nicht trauen, die Diskussion in englischer Sprache zu führen.

Beispiel

Anlässlich der IMEX 2017 nahm einer der Autoren an einem Workshop zum Innovationskatalog Future Meeting Space (GCB 2016) teil. Eine Dame am Tisch erhob sich wenige Minuten nach Beginn des Einführungsvortrags und flüsterte „Oh, it's in German!", und verließ den Raum. In der Abschlussrunde desselben Workshops hingegen bedankte sich ein Vertreter eines Fremdenverkehrsamts explizit, dass bei der sonst so Englisch-geprägten IMEX auf Deutsch diskutiert werden konnte.

1.3 Der Dolmetschermarkt – Überblick, Entwicklung, Konsequenzen

Der Markt für Sprachdienstleistungen, zu denen auch das Dolmetschen gehört, gilt als einer der dynamischsten Märkte weltweit und insbesondere in der EU. Gemäß einer Studie im Auftrag der EU-Kommission wies er in der EU mit ca. 10 % jährlich seit 2003 die höchsten Wachstumsraten aller Branchen auf, und auch für die Jahre 2009–2015 wurde eine konservative Wachstumsschätzung von ca. 10 % jährlich angenommen (TLTC 2009, S. 21, 26, 80). In Deutschland erlebte die Übersetzungs- und Dolmetschbranche zwischen 2009 und 2013 ein stetiges Wachstum zwischen 4,5 und 14,5 % pro Jahr (Statista 2017), das deutlich stärker ausfiel als das gesamte Wirtschaftswachstum Deutschlands, das in demselben Zeitraum nur 2,2 bis 4,7 % betrug (Statistisches Bundesamt 2016).

Wachstumstreiber im Sprachdienstleistungsmarkt sind die Globalisierung, d. h. die zunehmenden internationalen Verflechtungen, die wachsende Exporttätigkeit und die wachsende Sprachvielfalt innerhalb vieler Länder und Unternehmen. In Deutschland etwa hatten nach Schätzungen des BDÜ (Bundesverband der Dolmetscher und Übersetzer e. V.) im Jahr 2009 bereits 80 % der deutschen Unternehmen Bedarf an Sprachdienstleistungen (BDÜ 2009).

Aufgrund sehr niedriger Markteintrittsschranken (fehlende Mindestqualifikationen und sehr niedrige Gründungskosten) besteht ein kontinuierlicher Zustrom von Dienstleistern (Personen und Unternehmen) in diesen leicht zugänglichen Markt, woraus ein ständiger Überhang von Angebot zu Nachfrage resultiert (TLTC 2009, S. 24). Durch gleichzeitige Konsolidierungstrends unter Übersetzungsagenturen besteht ein intensiver Preiskampf und Preisdruck insbesondere auf kleinere Anbieter. Diese Zahlen scheinen zu verheißen, dass man als Auftraggeber oder Event-Manager aus dem Vollen schöpfen und jederzeit günstig einkaufen kann („Käufermarkt").

Allerdings ergeben sich durch Marktstruktur und Marktentwicklung erhebliche Herausforderungen für die Auswahl kompetenter Dienstleister. Gemäß einer weiteren Studie der EU ist der Markt der Sprachdienstleister gekennzeichnet durch (Pym 2012, S. 3 ff.):

- eine hohe Fragmentierung mit ca. 74 % Freiberuflern, die bei den Konferenzdolmetschern gemäß einer Erhebung des internationalen Verbands AIIC (2013) sogar bei über 90 % liegt,
- fehlende Regulierung (Titelschutz) und fehlende Mindestqualifikationen, woraus sich in Kombination mit den o.g. sehr niedrigen Gründungskosten ein stetiger Zustrom an teils unqualifizierten Kräften ergibt,
- einen insgesamt niedrigen Professionalisierungsgrad mit 60 % Teilzeitarbeitenden und einem Frauenanteil von 70 % in einer Beschäftigung, die auch als „Lifestyle Activity" gilt, weil sie sich gut mit familiären Verpflichtungen vereinbaren lässt und bei der ein Teil der Entlohnung in „sozialem Wert" (Arbeit für die gute Sache) gesehen wird, womit es sich um Berufe handelt, die gemeinhin „für das Maß an Sachwissen und Engagement unterbezahlt" sind (Pym 2012, S. 86).

In der Konsequenz ist gemäß EU die Anzahl *qualifizierter* Sprachdienstleister deutlich zu klein, um den wachsenden Bedarf zu decken (TLTC 2009, S. 25). Verschärft wird dies noch durch die zunehmende fachliche Spezialisierung, die in der internationalen Kommunikation gefordert wird. Außerdem besteht aufgrund des Preisdrucks im Zusammenhang mit den Marktstrukturen und den Konsolidierungstrends die Gefahr, dass qualifizierte Dienstleister sich wegen sinkender Margen und Einkommenschancen anderweitig orientieren und die Qualitätsproblematik damit weiter verschärft wird.

Welche Qualitätsmängel konkret entstehen können, ist im Internet vielfach belegt. Anschauungsbeispiele finden sich durch eine Internet-Recherche nach „Semperopernball" kombiniert mit „LaToya Jackson" oder auch – in mannigfaltigen Varianten zu verschiedenen Gelegenheiten – nach „Jürgen Klopp" kombiniert mit „Dolmetscher".

Im Hinblick auf die obigen Ausführungen müssen Event-Manager geeignete Auswahlkriterien anlegen, um für ihre Auftraggeber kompetente Dolmetscher und damit den angestrebten Mehrwert bieten zu können. Diese Publikation vermittelt in den nächsten Kapiteln das nötige Rüstzeug hierfür.

2 Begriffsbestimmungen

Kunden von Dolmetschdienstleistungen wird es in Deutschland nicht leicht gemacht: die Berufe im Bereich Sprachmittlung sind durch kein Berufsrecht geregelt. Es existiert keine Kammer, keine Regulierung und somit auch kein geschützter Titel. Die Folge ist, dass sich jeder, der Dienstleistungen in diesem Bereich anbieten möchte, „Übersetzer", „Dolmetscher", „Fachdolmetscher", „Simultandolmetscher" oder „Konferenzdolmetscher" nennen und seine Leistung auf dem Markt unter diesem Titel anbieten kann, ob er eine Fremdsprache nun in einem Volkshochschulkurs gelernt hat oder einen Hochschulabschluss im Dolmetschen besitzt. Dies erschwert das Auffinden geeigneter Fachkräfte, die durch ihre Arbeit einen tatsächlichen Mehrwert schaffen. Daher ist es Ziel dieser Publikation, interessierten Event- und Projektmanageren relevantes Wissen an die Hand zu geben.

▶ **Dolmetscher** „Sprachmittler, die Texte **mündlich** aus einer Sprache in eine andere übertragen."

▶ **Übersetzer** „Sprachmittler, die Texte **schriftlich** aus einer Sprache in eine andere übertragen."
(Brockhaus 2001).

▶ **Konferenzdolmetscher** Qualifizierte und professionelle Dolmetscher, die sämtliche Dolmetschtechniken (Simultandolmetschen, Konsekutivdolmetschen, Verhandlungsdolmetschen, Flüsterdolmetschen) sicher beherrschen und Auftraggebern gegebenenfalls bei der Organisation einer zu verdolmetschenden Veranstaltung als beratende Dolmetscher zur Seite stehen.

J. Böhm et al., *Simultandolmetschen*, essentials,
DOI 10.1007/978-3-658-19228-0_2

Beratender Dolmetscher Beratende Dolmetscher organisieren Dolmetscherteams, beraten bei der Konferenz-/Dolmetschtechnik, übernehmen die gesamte organisatorische Abwicklung und sind Ansprechpartner für sämtliche Fragen vonseiten des Auftraggebers. Sie nehmen ihren Auftraggebern damit in einem komplexen Teilbereich der Veranstaltungsorganisation viel Arbeit ab. Mit ihrem Fachwissen und ihrer Erfahrung tragen sie zum Gelingen einer mehrsprachigen Veranstaltung bei. Für diese Beratungs- und Organisationsleistung wird ein gesondertes Honorar in Rechnung gestellt (VKD 2017).

Das für Veranstaltungen wie Events, Konferenzen und Kongresse benötigte Profil eines Sprachmittlers fällt unter die Definition „Konferenzdolmetscher". „Konferenzdolmetschen" als Begriff ist nicht ausschließlich auf die Arbeit bei Konferenzen einzuschränken, sondern ist ein von einschlägigen Berufsverbänden (VKD, AIIC) geprägter Begriff, der alle Dolmetschvarianten umfasst (Tab. 2.1). Auch für diesen Titel besteht außerhalb der Verbände kein Schutz.

Tab. 2.1 Dolmetsch-Arten. (Quelle: Eigene Darstellung 2017)

Dolmetsch-Art	Beschreibung
Konsekutivdolmetschen	Beim Konsekutivdolmetschen erfolgt die **Übertragung** längerer Redeabschnitte (bis ca. 20 min) **zeitversetzt** meist **anhand von Notizen** (mit einer speziellen Notizentechnik) nach dem Vortrag des Originaltextes. Einsatzgebiete: Tisch- und Begrüßungsreden, Vorträge, schwierige bilaterale Verhandlungen, feierliche Anlässe (Festreden) usw. Durch die nachträgliche Verdolmetschung ist im Vergleich zum Simultandolmetschen etwa die doppelte Zeit einzuplanen
Gesprächsdolmetschen, Verhandlungsdolmetschen	Beim Gesprächsdolmetschen **(Sonderform des Konsekutivdolmetschens)** werden kürzere Textpassagen in Gesprächssituationen zeitversetzt und abschnittsweise in eine andere Sprache übertragen. Einsatzgebiete: Verhandlungen, Tischgespräche, Messerundgang etc.

(Fortsetzung)

Tab. 2.1 (Fortsetzung)

Dolmetsch-Art	Beschreibung
Simultandolmetschen	Beim Simultandolmetschen werden Redebeiträge **„fast in Echtzeit"** übertragen. Diese Dolmetschart erfordert höchste Aufmerksamkeit und Konzentration, weshalb mindestens zwei Simultandolmetscher zusammen in einer schallisolierten Dolmetschkabine arbeiten, sich regelmäßig abwechseln und gegenseitig unterstützen. Einsatzgebiete: mehrsprachige Veranstaltungen, Konferenzen, Tagungen, Galas, Shows
Flüsterdolmetschen, Chuchotage	Beim Flüsterdolmetschen handelt es sich um eine **Sonderform des Simultandolmetschens,** die sich nur für bestimmte Situationen eignet. Hierbei steht/sitzt der Flüsterdolmetscher hinter (oder neben) der Person, für die gedolmetscht wird, und flüstert dieser die Verdolmetschung der Redebeiträge zu. Es werden mindestens zwei Konferenzdolmetscher eingesetzt, die aus Gründen der Akustik und im Interesse der Teilnehmer für einen oder höchstens zwei Zuhörer dolmetschen

Simultandolmetschen

Für die Übertragung der Kommunikation in Fremdsprachen bei Events und Konferenzen ist das Simultandolmetschen in den meisten Fällen der bevorzugte Modus:

- Die Kommunikation kommt ohne Verzögerung beim Zuhörer an.
- Eine Übertragung ist grundsätzlich in beliebig viele Sprachen gleichzeitig möglich.

In besonderen, ausgewählten Situationen finden die Sonderformen des Flüsterdolmetschens oder Flüsterdolmetschens über eine portable Mikrofonanlage (Personenführungsanlage, PFA) Anwendung.

Die Tätigkeit des Simultandolmetschens gehört zu den geistig-kognitiv stressigsten Tätigkeiten, die ein Mensch überhaupt ausüben kann (Watts 2016). Sie wird daher von professionellen Berufsträgern nie allein, sondern nur im Team ausgeübt. Beim Simultandolmetschen wird ein Dolmetscher spätestens nach 30 min von einem Kollegen abgelöst, damit er pausieren kann. Bei sehr intensiven oder fachlich anspruchsvollen Konferenzen ist ein Team aus drei Konferenzdolmetschern je Konferenzsprache und Kabine erforderlich. So ist sichergestellt, dass die Verdolmetschung auch nach mehreren Stunden noch „zitierfähig" ist, und der Redner, der später am Tag spricht, genauso frisch herüberkommt wie der erste.

Der pausierende Kollege unterstützt seinen Teampartner, indem er Zahlen, Namen oder ggf. Fachausdrücke und Übersetzungsvorschläge notiert. Die dadurch freigesetzten kognitiven Kapazitäten kann der gerade aktive Dolmetscher anderweitig nutzen (siehe Kap. 5). Sollten technische Störungen auftreten, kann der pausierende Kollege kurz die Kabine verlassen und den Techniker informieren, ohne dass es zu einer Unterbrechung der Verdolmetschung kommt. Auch löst er bei Bedarf (z. B. Hustenanfall) den Kollegen sofort ab – schließlich darf deswegen ein Live-Event nicht unterbrochen werden.

▶ Von der pünktlichen Anwesenheit und Arbeitsfähigkeit der Dolmetscher hängt für bestimmte Gruppen die gesamte Kommunikation bei einer Veranstaltung ab. Verzögert sich das Eintreffen eines Hauptredners wird in der Regel gewartet oder die Agenda umgestellt – die Verspätung eines Dolmetschers rechtfertigt solche Maßnahmen dagegen selbstverständlich nicht. Die Verfügbarkeit der Verdolmetschung kann z. B. durch die Anreise der Teammitglieder mit unterschiedlichen Verkehrsmitteln gewährleistet werden.

Technisches Equipment 3

Eine Simultanverdolmetschung erfordert eine entsprechende technische Ausstattung. Häufig ist nur die Rede von einer „Dolmetschkabine“ bzw. mehreren solcher Kabinen, jedoch ist damit auch die tontechnische Ausstattung und Peripherie der Kabinen gemeint. Insgesamt spricht man von „Simultan(dolmetsch)technik“. Dieses Kapitel gibt einen kurzen Einblick in die Technik und ihre Nutzung durch die Dolmetscher.

3.1 Simultandolmetschtechnik

Standards und Anforderungen für die Simultantechnik sind in unterschiedlichen Normen geregelt (für den folgenden Überblick vgl. Wikipedia 2016b sowie Peschka und Ziegler 2016). Die früher umfassenden Normen DIN EN ISO 2603:2017 für ortsfeste Kabinen und die DIN EN ISO 4043:2017 für transportable Kabinen regeln in ihrer neuen Fassung keine (ton)-technischen und elektronischen Anforderungen mehr, sondern nur noch im weitesten Sinne „baulich konstruktive“ Aspekte des Arbeitsplatzes der Simultandolmetscher, wie etwa Schalldämmung, Luftumwälzung, maximaler CO_2-Gehalt in der Luft, Tischtiefe, Tischhöhe, Anschlüsse und Beleuchtung. Die normgerechte Größe für eine transportable Dolmetschkabine, wie sie von Vermietfirmen üblicherweise aufgestellt wird, beträgt mit drei Arbeitsplätzen rund 250 cm Breite, 210 cm Höhe und 170 cm Tiefe. Für zwei Dolmetscher-Arbeitsplätze beträgt die Breite rund 170 cm. Die Kabinen sind vorne und an den Seiten mit Fenstern ausgestattet und müssen so aufgestellt werden, dass die Dolmetscher freie Sicht auf den Redner und ggf. auf seine Präsentation haben (siehe Abb. 3.1).

Die DIN EN ISO 20108 Simultaneous Interpretation – Audio Video Transmission Quality definiert die elementaren Parameter für die Qualität von Audio- und

J. Böhm et al., *Simultandolmetschen,* essentials,
DOI 10.1007/978-3-658-19228-0_3

Abb. 3.1 Dolmetsch-Kabinen. (Quelle: PCS GmbH – konferenztechnik.de)

Videoeingangssignalen für das Simultandolmetschen (Anforderungen an Mikrofone sowie das Mikrofonmanagement, Schaltcharakteristik von Toneingangs- und Ausgangssignalen, Sprachverständlichkeit etc.).

Die DIN EN ISO 20109 enthält Vorgaben für die technische Ausstattung, die in Dolmetschkabinen eingesetzt wird. In ihr ist beispielsweise geregelt, dass eine „Hearing Protection" zum Schutz des Gehörs der Dolmetscher vorgesehen sein muss, dass mobile Anlagen (Personenführungsanlagen, siehe Abschn. 3.2) nur für den beweglichen Einsatz unter bestimmten Bedingungen einzusetzen sind und dass zur Betreuung der Veranstaltungstechnik ein Techniker ständig anwesend sein muss.

> ► Wenn in der Veranstaltungsstätte keine fest installierten (ortsfeste) Kabinen vorhanden sind, kann normgerechte Ausstattung von qualifizierten Anbietern mit mobilen Kabinen und entsprechender Tontechnik angemietet werden. Professionelle Simultantechniker kennen die besonderen Anforderungen an die Tonübertragung bzw. -einspielung zum Zwecke einer Simultanverdolmetschung.

Wie „funktioniert" Simultandolmetschen?

Damit die Dolmetscher den Ton über ihre Kopfhörer in der Kabine empfangen können, wird der Ton von den Saalmikrofonen oder anderen Tonquellen auf den

Abb. 3.2 Arbeitsplatz der Simultandolmetscher in der Dolmetsch-Kabine. (Quelle: Christian Witt)

Audiokanal der Dolmetscher eingespielt. Simultandolmetscher sind auf besondere Qualitätsparameter angewiesen, die in der einschlägigen Norm (bisher DIN EN ISO 2603, künftig DIN EN ISO 20108) geregelt sind. Auch die Kopfhörer bzw. Hörsprechgarnituren folgen besonderen Anforderungen. Beispielsweise sind ohrumschließende Modelle, die für andere Zwecke als besonders hochwertig gelten, für das Simultandolmetschen ungeeignet, denn Dolmetscher müssen sich stets selbst sprechen hören.

In der Kabine (siehe Abb. 3.2) bedienen die Dolmetscher ein Dolmetschpult (siehe Abb. 3.3), das über einen angeschlossenen Kopfhörer und ein Mikrofon bzw. eine Hörsprechgarnitur verfügt.

Die Pulte sind über eine Steuerzentrale mit der Beschallungs-/Saaltechnik verbunden und haben folgende Funktionen für den Simultandolmetschprozess:

- Individuelle Einstellung des Eingangstons (Lautstärke, Tonqualität),
- Räuspertaste,
- Bei Doppelpult ein Schalter für den Wechsel zwischen zwei Dolmetschern, sonst je Dolmetscher ein Pult,

Abb. 3.3 Dolmetschpult. (Quelle: PCS GmbH – konferenztechnik.de)

- Wahl des Eingangskanals (also: was der Dolmetscher hört): Originalton des Redners oder den Ton aus einer benachbarten Kabine (Relais, siehe Abschn. 6.2),
- Bestimmung des Ausgangskanals, also, welche Sprache aus der Kabine an die Empfänger der Zuhörer gesendet wird. Wenn das Team in einer Kabine zwischen zwei Sprachen dolmetscht, also beispielsweise aus dem Deutschen ins Englische oder umgekehrt („retour"), dann ist jeder Sprache ein eigener Kanal zugewiesen, z. B. Deutsch: Kanal 1, Englisch: Kanal 2. Die Zuhörer wählen an ihren Empfängern den gewünschten Kanal. Je nach Sprachrichtung wählt der Dolmetscher am Pult den Ausgabekanal, damit die Verdolmetschung jeweils bei der richtigen Zielgruppe ankommt. Der Zuhörer muss so grundsätzlich nicht umschalten.

Da Simultananlagen komplexe Einrichtungen sind, ist die umfassende und durchgehende Betreuung durch Simultantechnikexperten unabdingbar (DIN EN ISO 20109). Sie bauen die Simultantechnik meist am Vortag der Veranstaltung gemeinsam mit den sonstigen technischen Anlagen wie etwa der Beschallung auf und testen sie. Während der laufenden Veranstaltung überwachen und justieren sie die Anlage ständig.

> Qualifizierte Simultantechniker sind in der Lage, plötzlich auftretende Störungen, etwa Interferenzen durch Funk- oder starke Lichtquellen, Kanalausfälle etc. rasch zu beseitigen, sodass der Ablauf der Veranstaltung nicht gestört wird.

Die Verdolmetschung aus der Kabine wird an die Zuhörer über Infrarottechnik oder Funktechnik auf Empfänger mit Kopfhörern übertragen. Am Empfänger lässt sich der gewünschte Sprachkanal einstellen.

Da die bestmögliche Sicht auf das Konferenzgeschehen, auf Redner, Präsentationen, Projektionen etc., für die Dolmetscher nötig und laut der Norm ISO 2603:2017 gefordert ist, befindet sich der geeignete Ort für die Aufstellung der Kabinen meist hinter den Stuhlreihen „im Rücken" der Teilnehmer. Stehen die Kabinen dort erhöht, so ist die Sicht entsprechend besser. Es ist darauf zu achten, dass die Kabinen für die Dolmetscher gut zugänglich sind und der Fluchtweg gesichert ist (Brandschutz). Bei der räumlichen Planung eines Events empfiehlt es sich daher, Ort und Platzbedarf der Kabinen inklusive einem Platz für den betreuenden Techniker und sein Equipment von vorneherein zu berücksichtigen.

> Dolmetschkabinen sollten nur in Ausnahmefällen außerhalb des Tagungsraumes oder ohne direkte Sicht aufgestellt werden. Ist dies dennoch erforderlich, muss die Zustimmung der Dolmetscher eingeholt werden und das Geschehen im Saal in den Kabinen durch Kameraführung und Videomonitor visuell verfolgt werden können (siehe Kap. 4).

3.2 Personenführungsanlage (PFA)

Einige Veranstalter verfügen über eine mobile Mikrofon- und Empfangsanlage, eine sogenannte Personenführungsanlage (PFA) (Abb. 3.4).

PFAs sind nicht für das Dolmetschen, sondern für einsprachige Führungssituationen (Stadtführungen, Werksführungen) konzipiert. Sie dienen der Funkübertragung eines Vortrags an eine Zuhörergruppe, auch wenn sich diese in Bewegung befindet, sich verstreut hat oder ein hoher Geräuschpegel vorherrscht (wie etwa in einer Produktionshalle).

Mit dieser Grundfunktion – Übertragung des gesprochenen Worts per Funk an Empfänger mit Kopfhörer – können solche Anlagen auch als Dolmetschanlagen zweckentfremdet werden. Jedoch sind sie aus folgenden Gründen nur in äußerst begrenzter Form als Ersatz für Dolmetschkabinen geeignet:

Abb. 3.4 Personenführungsanlage. (Quelle: PCS GmbH – konferenztechnik.de)

- Das flüsternde bzw. leise gesprochene Dolmetschen ist im Raum ständig für alle zu hören und stört den Redner oder andere Teilnehmer.
- Die Dolmetscher sind beim Hören sämtlichen Umgebungsgeräuschen ausgesetzt (ungedämmte Raumgeräusche wie Husten oder klappernde Kaffeetassen übertönen zuweilen den Redner – und was ein Dolmetscher rein akustisch nicht hören kann, kann er auch nicht dolmetschen).
- Aufgrund der Umgebungsgeräusche müssen sich Dolmetscher womöglich im Raum bewegen, um die jeweils sprechende Person bestmöglich hören zu können – das kann störend wirken.
- Der flüsternde oder sehr leise Sprechmodus der Verdolmetschung lässt es kaum zu, dem Redner auch durch den Einsatz entsprechender rhetorischer Mittel (Emphase, Lautstärkeänderungen etc.) gerecht zu werden. Eine wenig modulierte Verdolmetschung dieser Art wirkt auf die Dauer ermüdend für die von der Verdolmetschung abhängigen Zuhörer.

- Das Mikrofon einer PFA sendet über *einen* einzigen Funkkanal, der Dolmetscher kann also nicht wie an einem Dolmetschpult je nach Sprache unterschiedliche Kanäle schalten. Das heißt, dass PFAs technisch auf nur eine Sprach*richtung* beschränkt sind, zum Beispiel vom Deutschen ins Englische (nicht zurück). So kann die Verdolmetschung *aus dem Englischen* (z. B. bei einer Rückfrage) allenfalls über dasselbe Mikrofon/denselben Kanal erfolgen – das irritiert jedoch die Zuhörer des Englischen, die dann plötzlich die „falsche" Sprache auf demselben Kanal hören (und folglich ständig die Kopfhörer auf- und wieder absetzen müssen, wenn die Sprache wechselt).
- Die Verdolmetschung mehrerer Sprachen parallel oder eine Verdolmetschung über Relais (siehe Abschn. 6.2) ist nicht möglich.
- Die für PFAs typischen „Kinnbügelempfänger", also Kopfhörer, in denen aus Mobilitätsgründen der Empfänger am Kopfhörer „hängt", erzeugen aufgrund der Belastung der Ohren durch das Gewicht nach kurzer Zeit Kopf- oder Ohrenschmerzen. Mit spürbar hohem Gewicht sind sie nicht für einen mehrstündigen Gebrauch – etwa während einer Sitzung – ausgelegt.

► Für moderne und kollaborative Veranstaltungsformate wie Fishbowl, Barcamp, World Café oder Open Space kann die flexible und mobile Simultanverdolmetschung mittels PFA eine effektive Lösung sein.

Laut ISO 20109 eignet sich eine Personenführungsanlage zum Dolmetschen für den Einsatz in Bewegung und dies nur für begrenzte Zeit – sie ersetzt keine Kabine bzw. Simultantechnik in typischen Veranstaltungssituationen.

Die Komplexität der Normen für Simultantechnik hat zugenommen und es ist darauf zu achten, dass der Ton- und Beschallungstechnikanbieter tatsächlich in Simultan-/Konferenztechnik geschult ist. Man sollte sich neben einschlägigen Veranstaltungsreferenzen die Kenntnis und Einhaltung der hier besprochenen Normen bestätigen lassen.

4 Dolmetschen in der Welt der neuen Technologien

Neue Veranstaltungsformen wie hybride und virtuelle Events bringen für die Verdolmetschung verschiedene „Remote"-Szenarien mit sich, d. h. Redner, Teilnehmer und Dolmetscher sind nicht mehr zwingend an einem Ort. Diese Event-Formen bieten eine Reihe von Vor- und Nachteilen, wobei unter den Vorteilen in erster Linie die vergrößerte Reichweite zu nennen ist, die durch Verdolmetschung noch weiter gesteigert werden kann. Allerdings bietet nur erstklassige Verdolmetschung durch sorgfältig ausgewählte und umfassend vorbereitete Anbieter diesen Mehrwert, wohingegen qualitativ minderwertige Leistungen bei mutmaßlich IT-affinen Nutzern in den besagten Settings voraussichtlich rasch negative Kommentare im öffentlichen virtuellen Raum auslösen werden – mit den entsprechenden Image-Gefahren für Veranstaltung und Veranstalter. Neben der Qualität der Dolmetscher bestehen je nach Remote-Setting auch heute noch erhebliche technische Herausforderungen bzw. Hindernisse. So bietet eine Standard-Internet-Verbindung etwa nicht die Bandbreite, die für eine hochwertige Verdolmetschung erforderlich ist, weshalb bislang keine der aktuell auf dem Markt verfügbaren Webplattformen als verlässliche Lösung bezeichnet werden kann. Derzeit sind „Hub"-Lösungen als eine der Zukunft vor allem für hochwertige Events zu sehen. Forschungsprojekte zu „Digitalen Dolmetschern", d. h. Verdolmetschung per Computer, haben bislang nur sehr wenig zufriedenstellende Lösungen gezeitigt und die Forschung zu diesen Projekten sieht auch langfristig zu viele Hindernisse für eine brauchbare Qualität. Der Ruf nach solchen Technologien aus dem MICE-Markt (MICE steht für Meetings, Incentive Travel, Conventions und Events) belegt jedoch, dass der Mehrwert von Mehrsprachigkeit und damit Verdolmetschung in der Branche sehr deutlich wahrgenommen wird.

Seit einigen Jahren bilden sich im MICE-Markt neue Veranstaltungsformen wie hybride (Leitinger 2013, S. 120) oder virtuelle Events (Geisser 2013, S. 230)

J. Böhm et al., *Simultandolmetschen*, essentials,
DOI 10.1007/978-3-658-19228-0_4

heraus. Dank der neuen Technologien müssen sich Redner, Teilnehmer und Dolmetscher nicht mehr zwingend an ein und demselben Ort befinden. Für das Dolmetschen ergeben sich damit im Wesentlichen vier „Remote"-Szenarien:

1. Ein oder mehrere Redner werden zu einem Event zugeschaltet, bei dem sich Dolmetscher und Teilnehmer (oder zumindest ein Teil davon) am selben Ort befinden.
   Beispiel: Der amerikanische CEO der Konzern-Mutter hält von Chicago aus über eine Videokonferenzschaltung eine Motivationsrede zu einem Marketing-Event in Frankfurt.
2. Redner und Dolmetscher befinden sich an einem Ort und das Event wird für einen Teil oder sogar alle Teilnehmer gestreamt (Hybrides Event).
   Beispiel: Eine Hauptversammlung eines großen DAX-Unternehmens in München, die für registrierte Teilnehmer weltweit zusätzlich per Webstreaming übertragen wird.
3. Redner und Zuschauer befinden sich an einem Ort, die Dolmetscher sind mit ihren Kabinen nicht unmittelbar an diesem Ort präsent (sondern „remote" positioniert).
   Beispiel: Bei einem Event in einem Auditorium ist kein Platz für die Dolmetschkabinen, weshalb diese in einem angrenzenden Raum aufgestellt werden. Ton und Bild (vom Redner und der Präsentation) werden mit Kameraführung auf Bildschirme in die Kabinen übertragen.
4. Redner, Teilnehmer und Dolmetscher befinden sich jeweils an unterschiedlichen Orten (Virtuelles Event).
   Beispiel: Bei der Fußball-WM 2014 in Brasilien fand die Verdolmetschung für Pressekonferenzen an allen Austragungsorten von einem Dolmetscher-Hub in Rio de Janeiro aus statt. Die Journalisten befanden sich in Stadion-Medien-Centern, von wo aus sie sämtliche Events live verfolgen konnten.

Zudem sind unzählige Mischformen aus diesen Szenarien denkbar. Im Folgenden werden die wesentlichsten Aspekte behandelt, die in solchen Szenarien für eine Verdolmetschung mit Mehrwert im Allgemeinen relevant sind.

In der Dolmetschwissenschaft werden im Übrigen nur die Szenarien 3 und 4, d. h. wenn sich die Dolmetscher an anderen Orten befinden, als „Remote Interpreting" oder „Remote-Dolmetschen" (Mead 2015, S. 346) bezeichnet.

4.1 Vor- und Nachteile virtueller und hybrider Events

Als Gründe für die Entwicklung in Richtung hybrider und virtueller Events werden genannt (Geisser 2013, S. 230–231):

- Kosten physischer Events für Veranstalter, Aussteller und Teilnehmer;
- Nachhaltigkeit, d. h. das Bestreben um Reduzierung des ökologischen Fußabdrucks;
- höhere Teilnehmerzahl, größere Interaktion und damit stärkere Verbreitung des Wissens beispielsweise bei wissensintensiven Events;
- größere Reichweite, da sich Teilnehmer weltweit zuschalten können, ohne dafür eine zeitaufwendige Reise in Kauf nehmen zu müssen;
- bessere Einbindung der Teilnehmer durch begleitende Maßnahmen etwa in sozialen Medien, womit wiederum die Interaktivität gesteigert wird.

Die Nachteile werden folgendermaßen spezifiziert (Geisser 2013, S. 232):

- Fehlende Face-to-Face-Kommunikation, die beim Aufbau von Vertrauen unerlässlich ist;
- fehlende Möglichkeit für informelle Interaktion etwa in den Kaffeepausen;
- IT-Affinität der Teilnehmer als zwingende Voraussetzung, d. h. potenziell Verlust von Teilnehmern, wenn die Zielgruppe nicht IT-affin ist;
- Motivation etwa für Kaufentscheidungen oder Vertriebsmaßnahmen virtuell schwerer zu erzeugen.

Aus der Sicht der Wissensverbreitung sind des Weiteren als Fragezeichen anzufügen:

- Verlässlicher Schutz von vertraulichen Inhalten;
- Bereitschaft von Referenten zur Bereitstellung ihres Wissens auf praktisch unkontrollierbaren Medien;
- Möglichkeiten der technischen Absicherung (Redundanz) für einen störungs-/unterbrechungsfreien Ablauf.

Prinzipiell kann davon ausgegangen werden, dass sich durch neu entstehende Technologien ein Mehrwert generieren lässt, wobei dies im Einzelnen von der Situation und Konfiguration und auch vom einwandfreien Funktionieren der eingesetzten

Technik abhängig ist. Die Reichweite im Sinne des Sprach-Raums kann durch den Einsatz von Dolmetschern noch weiter gesteigert werden.

> Die „Technisierung" des menschlichen Zusammentreffens erfordert bei den Teilnehmern eine Umgewöhnung. Die Teilnehmererfahrung muss qualitativ hochwertig sein, damit sie zu dieser Umgewöhnung bereit sind.

4.2 Potenzierter Mehrwert durch Dolmetscher

Der Mehrwert virtueller oder hybrider Events lässt sich durch Simultandolmetschen potenzieren: Steigt die Reichweite eines Events durch Livestreaming, so erhöht sie sich durch das Angebot verschiedener Sprachen zusätzlich. Weitere Möglichkeiten der Mehrwertgenerierung bestehen in der Verwertung eines aufgezeichneten Livestreams, wenn beispielsweise potenzielle Teilnehmer das Event aufgrund der Zeitverschiebung nicht live verfolgen können. Auch kann die Aufzeichnung in den unterschiedlichen gedolmetschten Sprachen oder mit einer Nachverdolmetschung oder Untertitelung zum Abruf bereitgestellt werden.

Wie häufig der Fall, bergen umfangreichere Möglichkeiten auch größere Risiken. Pannen, wie etwa die Rekrutierung eines der Gebärdensprache überhaupt nicht mächtigen Dolmetschers anlässlich der live übertragenen Trauerfeier für Nelson Mandela, verursachen weltweite Kritik. Der durch die Kombination aus neuen Technologien und Mehrsprachigkeit erzielbare Mehrwert lässt sich daher nur durch hochwertige Verdolmetschung realisieren.

Neben der Qualifikation, Professionalität und Qualität der Dolmetscher und der fachlichen Vorbereitung (siehe hierzu Kap. 5) sind einerseits situative, andererseits technische Faktoren zu beachten – insbesondere dann, wenn die Simultandolmetscher nicht mehr physisch am Ort des Events präsent sind. Die Dolmetschwissenschaft hat sich in den letzten Jahren verstärkt mit dem Thema der fehlenden Einbindung der Dolmetscher in den kommunikativen Kontext und die Interaktion vor Ort befasst, da immer wieder zu beobachten ist, dass die Remote-Situation bei den Dolmetschern zu schnellerer Ermüdung und größerem Stress und auch zu einer Beeinträchtigung der beruflichen Zufriedenheit, Motivation, Leistungsfähigkeit und Qualität führen kann (vgl. Moser-Mercer 2003; Mouzourakis 2003; Kalina 2005). Für die Dolmetscher als Mittler des gesamten Events gestalten sich die Herausforderungen ähnlich wie für Redner und Teilnehmer bei virtuellen Events: größere Exponiertheit, Verlust wertvoller Informationen, verringerter Interaktionsgrad (Kontaktintensität), fehlende „Face to Face"-Kommunikation, die insbesondere beim Aufbau von Vertrauen unverzichtbar bleibt, sowie die Schwierigkeit, virtuell Motivation zu erzeugen (Geisser 2013, S. 231 ff.).

Je besser die Dolmetscher schon vorab mit einer Kommunikationssituation und der bei einer Veranstaltung zu erwartenden Interaktion vertraut sind oder sich vertraut machen können, weil beispielsweise ein Ablauf vorher geprobt werden kann, die handelnden Personen und/oder die genauen Inhalte bereits bekannt sind (z. B. Pressekonferenz mit vorliegendem Redemanuskript, Statement nach Fußballspiel), desto besser kann eine Remote-Dolmetschsituation gelingen. Zudem könnte der Einsatz von VR-Brillen zur verbesserten situativen Einbindung der Dolmetscher zukünftig eine Option sein.

4.3 Hochwertige Remote-Verdolmetschung – technische Einflussfaktoren bei Nicht-Präsenz der Dolmetscher

Die Qualität der Ton- und Videoübertragung in die Remote-Dolmetschkabine sowie die Übereinstimmung von Ton und Bild spielen eine entscheidende Rolle. Denn nur, was Dolmetscher richtig hören und sehen, kann auch hochwertig verdolmetscht werden.

Bisher ist keine kommerziell nutzbare technische Plattform für Remote-Simultandolmetschen auf dem Markt verfügbar, die den aktuellen technischen Normen gerecht wird. Die Norm ISO 20108 zu Qualitätsparametern der Übertragung von Audio- und Videosignalen an die Simultandolmetscher legt erstmals auch Parameter für die Signalqualität bei der Übertragung aus der und in die Ferne – d. h. Settings, bei denen sich Dolmetscher, Publikum und Redner nicht alle an demselben Ort befinden – fest. Diese umfassen u. a. Vorgaben zu Latenzzeiten, Lippensynchronität, Echounterdrückung, Bandbreiten etc. (vgl. Peschka und Ziegler 2016). Über eine übliche Telefon- oder Breitbandverbindung (Internet) sind solche Tonqualitäten nicht zu erreichen (Sporer et al. 2010), zudem bieten Standard-Internet-Verbindungen keine garantierte Bandbreite bzw. Verbindungsgüte, weshalb eine konstante Qualität nicht garantiert werden kann. Consumer-Lösungen wie Skype oder übliche Webkonferenzplattformen erlauben lediglich die unilaterale Übertragung von Daten – schon deshalb können hier nicht mehrere Teilnehmer (also Redner und Dolmetscher) zur gleichen Zeit („simultan") sprechen. Derzeit auf dem Markt angebotene Dolmetschplattformen arbeiten mit normaler Internet-Übertragung und bieten damit nicht die nötige konstante

Bandbreite und Verbindungsgüte für ganze Konferenzen und Kongresse (Sporer et al. 2010).

Vorausgesetzt, dass die Ton- und Bildübertragungsanforderungen entsprechend der künftigen ISO 20108 erfüllt werden können, ist aus technischer Sicht eine Remote-Simultan-Verdolmetschung von Live-Events möglich. In eigens dafür entwickelten geschlossenen Systemen und mithilfe – derzeit noch kostspieliger – Technologien aus dem Broadcasting-Bereich wird sie bereits als „Dolmetscher-Hub" praktiziert, z. B. bei Großveranstaltungen wie der Fußball-WM 2014.

Zu beachten ist auch hier, dass die Gesamtqualität für die Nutzerakzeptanz entscheidend ist, weshalb sich Einstiegslösungen mit variierender Bandbreite und Verbindungsgüte im Hinblick auf das Kundenerlebnis verbieten.

Angesichts der erhöhten technischen Komplexität und möglicher Nachteile aufgrund der Nicht-Präsenz erfordert eine Remote-Simultandolmetschsituation eine noch engere technische und organisatorische Abstimmung und intensivere Vorbereitung der beteiligten Gewerke als die Präsenz-Verdolmetschung.

So sollte etwa der Beratende Dolmetscher besonders frühzeitig angefragt und im Vorfeld detailliert über den geplanten Einsatz von hybriden/virtuellen Technologien informiert werden, damit das Team entsprechend zusammengestellt werden kann. Der Auswahl von hoch qualifizierten Dolmetschern kommt auch hier wiederum eine besondere Bedeutung zu, weil das Feedback in hybriden und virtuellen Settings (aufgrund des fehlenden visuellen Kontakts) erwartungsgemäß schneller und auch schonungsloser erfolgt und weil dieses womöglich direkt öffentlich gemacht wird, was Auswirkungen auf die Teilnehmerzahlen von Folgeveranstaltungen haben könnte. Im umgekehrten Fall ergibt sich natürlich durch „indirekte virale Verbreitung" (Leitinger 2013, S. 120) ein positiver Image- und Werbeeffekt für zukünftige Veranstaltungen.

Im Sinne der Gewinnung und Aktivierung von Teilnehmern müssen sich Interessenten „ein möglichst genaues Bild von der Veranstaltung verschaffen können, um eine Teilnahme abzuwägen" (Bühnert 2013a, S. 190). Deshalb sollte frühzeitig angekündigt werden, in und aus welchen Sprachen gedolmetscht wird, um eine entsprechende Reichweite und hohe Anmeldezahlen zu erreichen.

Einem erhöhten technischen Aufwand, u. a. durch an verschiedenen Orten bereitstehende Konferenztechniker, steht die Möglichkeit zur Reichweitensteigerung gegenüber – und damit die Option zu einer Steigerung des wirtschaftlichen Erfolgs.

4.4 Digitaler Dolmetscher

Der Innovationsverbund „Future Meeting Space" hat unter Führung des German Convention Bureau Anforderungen für erfolgreiche Veranstaltungen der Zukunft entwickelt. Besonders der Megatrend der Technisierung wird als prägend gesehen, und in diesem Rahmen wird der „digitale Dolmetscher" als eine unter mehreren Kollaborationstechniken genannt. Beabsichtigt ist, internationale Events künftig von Computern statt von Menschen dolmetschen zu lassen (GCB 2016, S. 24).

Forschungsprojekte der jüngeren Zeit, bei denen Computer das Dolmetschen erlernen (wie etwa der Lecture Translator des Karlsruhe Institute for Technology), verlaufen noch wenig zufriedenstellend (Fünfer 2013, S. 122 ff.). Der Lecture Translator, wie er nach weit über zehnjähriger Forschungsarbeit heute in Betrieb ist, erlaubt es ausländischen Studierenden, der englischen Verdolmetschung rein auf der Sachebene entnehmen zu können, worum es in einer Vorlesung geht. Die Ausgabe in Form gesprochener Sprache wurde aufgegeben, die Verdolmetschung erscheint in Form eines Textlaufbands. Das System hat derzeit aber noch erhebliche Schwächen im Bereich der „menschlichen Komponenten" der Sprache, etwa mit Akzenten, nicht wohlgeformten Sätzen, Witz oder Ironie, mit Bedeutungen, die nicht über die Sprache, sondern über nicht-verbale Mittel transportiert werden (z. B. Betonung oder Körpersprache) etc. Ob und wann diese Probleme, zum Beispiel durch den Einsatz neuronaler Netze, überwunden werden könnten, ist derzeit nicht absehbar.

Deutlich früher und mit weit höheren Akzeptanzchancen als ein digitaler Dolmetscher sind gewiss ausgereifte Remote-Dolmetsch-Technologien und Geschäftsmodelle zu erwarten, die den menschlichen Dolmetscher in hoher Qualität digital verfügbar machen – etwa auf dem persönlichen Endgerät.

Der Ruf des Innovationsverbunds nach Übersetzungsmöglichkeiten zeigt jedenfalls, dass sprachliche Unterstützung durch Verdolmetschung, insbesondere für den Meeting-Standort Deutschland, auch in Zukunft von großer Bedeutung ist. Auch hier gilt: Das hochwertige Kundenerlebnis ist entscheidend für die Akzeptanz der neuen Technologie.

Qualifikation und Qualität 5

Dass bei einer Konferenz oder einem Event mit internationaler Beteiligung die Kommunikation zu hundert Prozent auch bei den fremdsprachigen Teilnehmern ankommt, sollte eine Selbstverständlichkeit sein. Allerdings ist es angesichts des sehr heterogenen Marktes schwierig, die entsprechenden kompetenten Anbieter zu finden. Wie erreichen Konferenzdolmetscher die erforderliche Kommunikationsqualität beim Dolmetschen, wer ist in der Lage, diese zu erbringen? Welche Rolle spielen in diesem Kontext Normen und die Standards der Berufsverbände? Woran erkennt man Profis, die sich über die Dolmetschqualität hinaus auch professionell in ein Event-Projekt einfügen?

5.1 Eignung und Qualifikation

Aus neurologischer Sicht existieren nur begrenzte Erkenntnisse darüber, wie die Gehirne von Simultandolmetschern die Tätigkeit überhaupt leisten können.

Eine interdisziplinäre Studie von Ingrid Kurz (1994) zeigt, dass beim Simultandolmetschen – vor allem durch Training bzw. kontinuierliche Praxis – Hirnareale aktiviert werden, die bei anderen Menschen „brachliegen". Gile (1995) postuliert in seinem „Efforts Model", dass Simultandolmetschen unterschiedliche „efforts" (mentale Tätigkeiten: Listening Effort, Memory Effort, Production Effort, Coordination Effort) erfordert, und dass die Kunst des Simultandolmetschens letztlich darin besteht, bei begrenzt verfügbarer Gesamtkapazität die Kapazitäten so auf die Efforts zu verteilen und zu „managen", dass eine hochwertige Verdolmetschung produziert wird. Diesem Modell entsprechen auch neuere Forschungserkenntnisse, nach denen die eigentliche Höchstleistung beim Simultandolmetschen nicht vornehmlich durch einzelne Hirnareale, wie etwa das

J. Böhm et al., *Simultandolmetschen*, essentials,
DOI 10.1007/978-3-658-19228-0_5

Sprachzentrum, erbracht werden, sondern durch den Nucleus Caudatus, der als Steuerzentrale die parallel ablaufenden Prozesse ermöglicht und koordiniert. Die komplexe Tätigkeit des Simultandolmetschens wird also nicht (nur) durch besonders spezialisierte Hirnareale möglich, sondern durch eine besonders gute Vernetzung unter diesen (Watts 2016). Die Sprachbeherrschung allein ist lediglich notwendige Bedingung für die Tätigkeit des Simultandolmetschens.

Erlernt wird diese Fertigkeit in einer entsprechenden Ausbildung im Konferenzdolmetschen, gefestigt und „am Leben erhalten" durch die regelmäßige Ausübung (Praxis, Training). Die Ausbildung erfolgt in der Regel durch ein Hochschulstudium mit einem Abschluss als Diplom-Dolmetscher oder Master Konferenzdolmetschen bzw. Master of Conference Interpreting. Üblicherweise erfolgt ein Eignungstest, bevor das Studium aufgenommen werden kann.

Schwerpunkte der Dolmetscher-Hochschulausbildung sind:

- Erweiterung der mutter- und fremdsprachlichen Kompetenz
- Erlernen der Techniken des Simultan- und Konsekutivdolmetschens
- Kulturwissenschaft
- Kommunikationstraining
- Vertiefung bestimmter Sachfächer und Fachsprachen
- Terminologie- und Wissens-Management
- Arbeit an der Gedächtnis- und Synthesefähigkeit
- Vermittlung und Sensibilisierung für die Bedeutung der unten genannten persönlichen Voraussetzungen und Fähigkeiten.

Die wissenschaftliche Untermauerung der Hochschulausbildung erfolgt durch die Übersetzungs- und Dolmetschwissenschaft (Translationswissenschaft). Hierbei wird die Fähigkeit zur eigenständigen wissenschaftlichen Arbeit vermittelt, die im späteren Berufsleben bei der Einarbeitung in neue wissenschaftliche, politische, juristische, wirtschaftliche und andere Fachgebiete ebenfalls erforderlich ist (Eberhard 2006).

Die Hochschulausbildung vermittelt darüber hinaus ein Gespür für die Verantwortung, die ein Sprachmittler trägt, wenn die vollständige Einbindung von Zuhörern in die Kommunikation allein von ihm abhängt. Denn in Situationen, in denen die Kommunikationsbeteiligten einander überhaupt nicht verstehen, also vollständig auf die Arbeit von Dolmetschern angewiesen sind, kommt Dolmetschern eine hohe Vertrauensstellung zu, die mit einwandfreien Leistungen

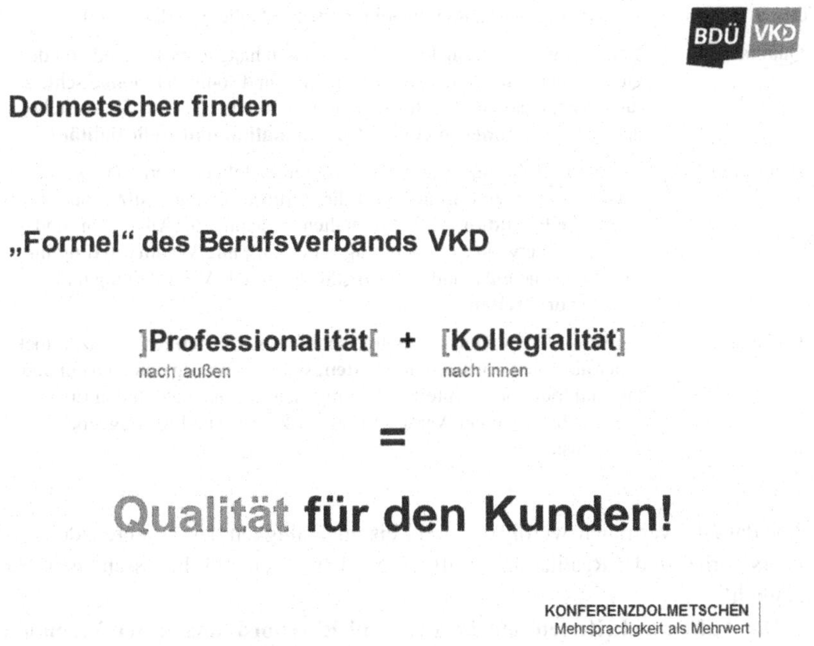

Dolmetscher finden

„Formel" des Berufsverbands VKD

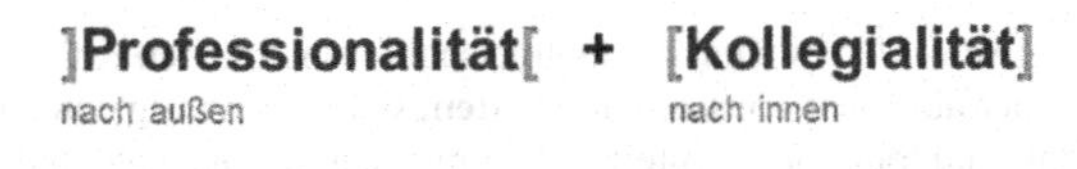

=

Qualität für den Kunden!

KONFERENZDOLMETSCHEN
Mehrsprachigkeit als Mehrwert

Abb. 5.1 Wie entsteht Qualität? Formel des Verbands der Konferenzdolmetscher. (Quelle: Böhm/Eberhardt – Slide aus der Vorlesung an der DHBW Ravensburg)

wahrzunehmen ist. Dabei spielen über die persönliche Qualifikation und Eignung des Dolmetschers hinaus auch die Interaktion der Person des Konferenzdolmetschers mit seinen Kollegen und den Kunden bzw. Nutzern der Leistung eine große Rolle (Abb. 5.1 und Tab. 5.1).

5.2 Qualitätssicherung durch die Berufsverbände

Über viele Jahre hinweg galten die Bemühungen der Berufsverbände (v. a. des deutschen Verbands der Konferenzdolmetscher im BDÜ e. V. und des internationalen Berufsverbands AIIC) dem Ziel, den Mangel einer Kammer durch Aufnahmekriterien und Berufskodizes im Sinne eines „hippokratischen Eids" zu schließen. Solche Berufsstandards dienen als Anhaltspunkte nicht zuletzt für Projektmanager, die in Vertretung für ihre Kunden Dolmetscher auswählen müssen,

Tab. 5.1 Formel des Verbands der Konferenzdolmetscher. (Quelle: Eberhardt 2006)

Qualität =	Der Erfolg internationaler Veranstaltungen hängt entscheidend von der Qualität der gelungenen Kommunikation und somit der Dolmetschleistungen ab. Qualität ist indessen kein Produkt des Zufalls! Sie entsteht aus dem **Zusammenspiel von Professionalität und Kollegialität**
Professionalität +	Bedeutet im Zusammenhang mit Konferenzdolmetschern, dass sie eine entsprechende **Qualifikation** für die Berufsausübung besitzen und durch **Weiterbildung** aufrechterhalten, beständig ihr Allgemein- und Fachwissen erweitern (lebenslanges Lernen), ihre **Verantwortung** im Beruf ernst nehmen und sich **sorgfältig** auf jede Veranstaltung und ihre Inhalte **vorbereiten**
Kollegialität	Im Sinne der Qualität der Dolmetschleistung müssen Konferenzdolmetscher **als Team zusammenarbeiten,** sich gegenseitig unterstützen und fair und transparent miteinander umgehen, um auch damit den Erfolg einer mehrsprachigen Veranstaltung für Zuhörer und Auftraggeber sicherzustellen

ohne dass die Vertrauenswürdigkeit und Leistungsfähigkeit des Konferenzdolmetschers vorher in der Realität überprüft werden kann – ein „Probe-Essen“ ist nicht möglich!

Die Aufnahmekriterien und **Berufs- und Ehrenordnungen der Verbände bieten** eine grundlegende Gewähr für die Professionalität und kollegiale Arbeitsweise ihrer Mitglieder; somit ist die Berufsverbandsmitgliedschaft ein wichtiges Qualitätskriterium.

5.3 Berufs- und Ehrenkodizes im Dienste der Qualitätssicherung

Die Berufsverbände für Konferenzdolmetscher (v. a. VKD und AIIC) haben sich weitgehend deckende **Berufs- und Ehrenkodizes** erarbeitet, auf die sich die Mitglieder mit dem Aufnahmeantrag verpflichten. Hierdurch wird ein Mindeststandard für die genannten Kriterien etabliert und Qualitätssicherung im Sinne des Kunden gefördert.

Diese umfassen Regelungen zu folgenden Punkten:

Unlauterer Wettbewerb
Unlauterer Wettbewerb bezeichnet unredliches und unprofessionelles Verhalten, und zwar gegenüber den Kunden im weitesten Sinne (Auftraggebern, Zuhörern etc.) sowie gegenüber den Kollegen.

Beispiel: Ein Anbieter gibt für sein Dolmetscher-Team falsche Referenzen bzw. Qualifikationen an und setzt sich gegen einen Mitbewerber durch, bei dem tatsächlich die erforderliche Erfahrung und Qualifikation vorhanden war. Dies ist nicht nur unlauter gegenüber den Kollegen, sondern auch Täuschung des Kunden.

Fachliche Qualifikation
Unter fachliche Qualifikation fällt nicht nur die grundsätzliche Qualifikation zur Ausübung der Dolmetschtätigkeit, sondern auch die fachliche Qualifikation für einen gegebenen Einsatz. Diese besteht einerseits aufgrund sprachlicher/fachlicher Weiterbildung und ggf. Erfahrung aus Einsätzen in dem betreffenden Fachgebiet und wird andererseits im Vorfeld durch eingehende Vorbereitung anhand geeigneter und vom Auftraggeber zu stellender Vorbereitungsmaterialien erworben (siehe Kap. 5). Zur Sicherung der Qualität für die Kunden verpflichten sich Verbandsmitglieder gemäß Berufskodex, nur Anlässe zu dolmetschen, denen sie fachlich und aufgrund ihrer Erfahrung gewachsen sind.

Verschwiegenheit
Kunden von Konferenzdolmetschern müssen sich darauf verlassen können, dass keine vertraulichen Informationen durch den Konferenzdolmetscher nach außen dringen.

Kollegiale Zusammenarbeit
Kollegiales Verhalten umfasst nicht nur die Vermeidung unlauteren Wettbewerbs wie z. B. Vorspiegelung falscher Tatsachen oder Preisdumping, sondern – innerhalb eines Teams – auch die Zusammenarbeit bei der Vorbereitung, d. h. Austausch von Informationen, Terminologie und die Zusammenarbeit beim Einsatz (z. B. Unterstützung des Kabinenkollegen).

5.4 Neue Norm DIN EN ISO 2347:2017

Die Standardisierungsarbeit der Berufsverbände bereitete den Weg für die neue DIN EN ISO 2347:2017 „Übersetzungs- und Dolmetschdienstleistungen – Dolmetschdienstleistungen – Konferenzdolmetschen“. Sie stellt einen wichtigen Schritt dar, regelt sie doch in bedeutenden Aspekten die hochwertige und anspruchsvolle Tätigkeit von Konferenzdolmetschern.

Als Nutzer führt die Norm u. a. auf:

- Vermittler von Konferenzdolmetschdienstleistungen
- Kongresszentren

Die Norm „legt Anforderungen für die Bereitstellung einer qualitativ hochwertigen Dienstleistung im Bereich Konferenzdolmetschen durch Einzelpersonen fest. [...] beschreibt die erforderlichen Kompetenzen und Qualifikationen und definiert die berufspraktischen und berufsethischen Rahmenbedingungen für die gute Praxis des Konferenzdolmetschens. [...] definiert die der Erbringung von Konferenzdolmetschdienstleistungen zugrundeliegenden Prozesse [...]. Dies geschieht mit Blick auf Qualität der Leistung und Darstellung der Kernkompetenzen" (DIN 2347).

Die Norm führt Faktoren auf, von denen die Qualität der Dolmetschdienstleistung abhängt, wie etwa:

- die notwendige Vorbereitung und Einarbeitung für ein Projekt,
- erforderliche Kompetenzen,
- berufsethische Prinzipien,
- angemessene Arbeitsbedingungen im Allgemeinen,
- projektbezogene Arbeitsbedingungen wie etwa die Raumakustik, Bild- und Tonqualität, Positionierung des Dolmetschers,
- Anforderungen an den Datenschutz und Vertraulichkeitserfordernisse.

Auch die Anforderungen an den Dienstleister, die Person des Konferenzdolmetschers selbst, werden beschrieben, u. a.:

- Sprachkompetenzen,
- Qualifikation im Simultan- und Konsekutivdolmetschen,
- Recherchekompetenz und Wissensmanagement,
- interkulturelle Kompetenzen,
- kommunikative Kompetenzen,
- unternehmerische Kompetenzen,
- Sach- und Fachkompetenzen für das jeweilige Projekt etc.

und deren Nachweis. Nicht zuletzt wird als Voraussetzung für die Zertifizierung gefordert:

- einschlägiger Hochschulabschluss (Master oder Diplom in Konferenzdolmetschen bzw. gleichwertiger Abschluss einer akademischen Ausbildung) plus Nachweis von Berufserfahrung.

Es bleibt abzuwarten, inwieweit sich die Zertifizierung nach dieser Norm bei den Berufsträgern durchsetzen wird, jedoch spielen hier Wettbewerb und tatsächliche Nachfrage von Kundenseite nach dem Nachweis der Zertifizierung eine entscheidende Rolle.

Die Qualifikation eines guten Konferenzdolmetschers basiert zunächst auf einer soliden Ausbildung, in der Regel einem Hochschulabschuss als Diplom-Dolmetscher oder Master Konferenzdolmetschen. Er bringt eine Reihe von persönlichen Voraussetzungen mit und ist bereit, lebenslang zu lernen. Ein hohes Verantwortungsbewusstsein, die Offenheit, sich auf stets neue Gegebenheiten einzulassen und auf Kundenwünsche einzugehen ist unabdingbar. Als Dienstleister sind Konferenzdolmetscher Selbstständige bzw. Freiberufler und müssen sich daher auch unternehmerische Fähigkeiten aneignen. Wenn sich Konferenzdolmetscher Berufsverbänden anschließen, zeigen sie dadurch, dass sie sich an ethische Prinzipien der Berufsausübung halten, und sich somit im Team gemeinsam mit ihren Kollegen nach besten Kräften für ihre Kunden und Zuhörer einsetzen. Die Norm gibt klare Standards vor, an denen sich Konferenzdolmetschdienstleister messen lassen. Es bleibt noch abzuwarten, inwieweit sich die Zertifizierung nach der Norm bei den Berufsträgern durchsetzen wird.

Orientierungskriterien für einen professionellen Anbieter:

- Ausbildung (Hochschulabschluss Diplom oder Master)
- Geht auf die Bedürfnisse des Kunden ein, angemessener, professioneller Auftritt, gute Beratung
- Mitgliedschaft in einem einschlägigen Berufsverband (Ehrenkodex, Aufnahmekriterien)
- Verlässlichkeit, Verantwortungsbewusstsein, Vertraulichkeit
- Erfahrung, konkrete Referenzen bezüglich Thema und Veranstaltungsart/-format

5.5 Qualitätssicherung und Vorbereitung

Die Vorbereitung auf einen Einsatz spielt eine wesentliche Rolle für die Gesamtqualität der erbrachten Dolmetschleistung. Die Verantwortung liegt hierbei auf beiden Seiten, denn nur der Event-Manager kann – in Zusammenarbeit mit dem Kunden, den Referenten und den anderen Beteiligten – dafür sorgen, dass sachdienliche Vorbereitungsmaterialien für eine gezielte Vorbereitung der Dolmetscher bereitgestellt werden. Im Sinne des Erfolgs für das Event.

> Die Vorbereitung auf einen Dolmetscheinsatz ist ein wesentliches Element der QUALITÄT bei allen Dolmetscharten (Kalina 2015, S. 318).

Bei der Vorbereitung kann grob unterschieden werden zwischen fachlich-terminologischer, fachlich-inhaltlicher und kontextueller Vorbereitung (Rütten 2017), die etliche Schnittstellen aufweisen.

Durch die fachlich-terminologische Vorbereitung sorgen Konferenzdolmetscher dafür, dass sie dieselbe Fachsprache sprechen wie die bei einem Event anwesenden Fachleute, damit diese sich über Sprach- und Kulturgrenzen hinweg auf Augenhöhe begegnen. Ihre Bedeutung ist durch Erhebungen zur Kundenzufriedenheit und Qualitätswahrnehmung bei Dolmetschleistungen belegt (Mack und Cattaruzza 1995).

Sie besteht im Wesentlichen in der Erschließung von Terminologie- und Wissenszusammenhängen und der Erstellung von Terminologielisten zur Memorierung und Nutzung in der Dolmetschkabine.

Beispiel für Einträge in Terminologiedatenbanken von Dolmetschern:

- Fachterminologie: Leuchtdichteschwellen, Blendungsbewertung (z. B. für Fachkonferenz „Licht 2016“, siehe Abb. 5.2), Ausschlusstatbestand, Rechnungsabgrenzungsposten, Stenoseatmung, Schuss- und Kettfäden, Tiefenreif/Schwimmschnee
- Abkürzungen: BHKW: Blockheizkraftwerk, MEZ: Millennium-Entwicklungsziele, FAS: Fetales Alkoholsyndrom
- Besonderheiten in der Fachsprache z. B. der Plural „Krane“, wohingegen der umgangssprachliche Plural „Kräne“ lautet

Fachlich-inhaltliche Vorbereitung

Abgesehen von seltenen Situationen, in denen im Vorfeld ausgeschriebene Redemanuskripte zur Vorbereitung vorliegen, entspricht Dolmetschen einem Management des Unbekannten – Satz für Satz aufs Neue.

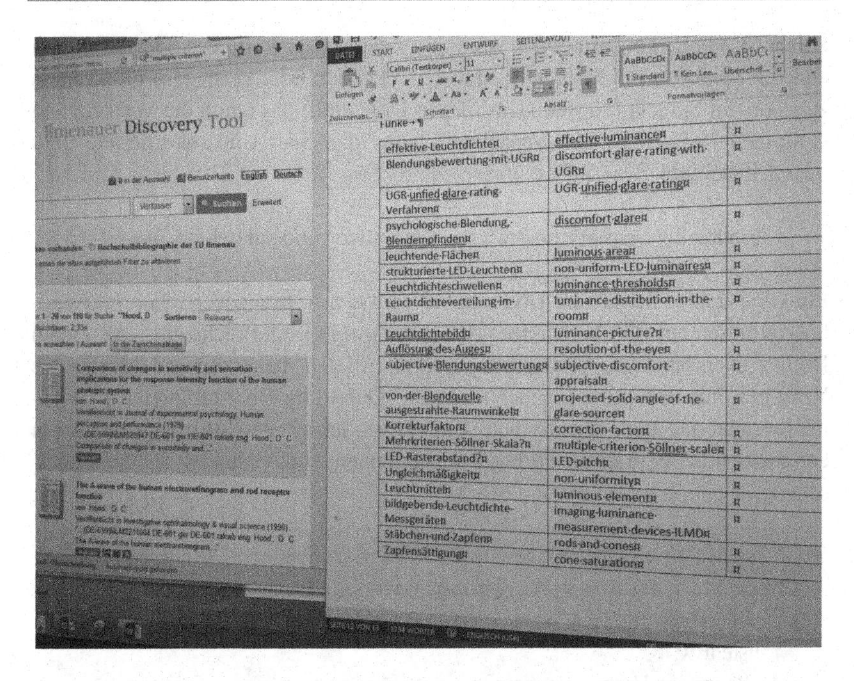

Abb. 5.2 Thematische Recherche und Erarbeitung von Fachterminologie zur Vorbereitung der Verdolmetschung der Fachkonferenz LICHT 2016. (Quelle: Böhm)

Je nach Sprachkombination braucht es hierfür ausgewählte Strategien, deren Erfolg – und damit die Qualität der Verdolmetschung – sich durch strukturierte fachliche, terminologische und inhaltliche Vorbereitung deutlich steigern lässt, was durch wissenschaftliche Versuche belegt ist (Kalina 2015, S. 319). Ziel der Vorbereitung, die einem gezielten Wissensmanagement gleichgesetzt werden kann (Rütten 2007), ist die Reduzierung der kognitiven Belastung bei Arbeit unter Zeitdruck, um eine nahtlose Übertragung von Inhalten in eine andere Sprache und Kultur zu gewährleisten.

Beispiel: „Der Umsatz des Unternehmens, das in der Wirtschaftskrise ins Schlingern geraten war und dessen Vorstandsvorsitzender für das Gefühl der Analysten zu häufig gewechselt hatte, ist im Jahr 2016…

- ins Bodenlose gefallen,
- stagniert,
- wider Erwarten um 15 % gestiegen."

Solche Klammerkonstruktionen sind ein Charakteristikum des Deutschen. In anderen Sprachen steht das Verb (gefallen, stagniert oder gestiegen) direkt beim zugehörigen Subjekt (Umsatz). In solchen Fällen hilft das durch die Vorbereitung gewonnene Wissen bei der Verdolmetschung, d. h. hier Umstrukturierung und/oder Antizipation.

▶ Qualität bei Dolmetscheinsätzen = Verantwortung auf beiden Seiten.

Ein kompetenter Beratender Dolmetscher wird den Auftraggeber schon im Angebotsverfahren auf den Vorbereitungsbedarf hinweisen und rechtzeitig vor einem Dolmetscheinsatz um Vorbereitungsmaterial bitten bzw. ein entsprechendes Verfahren mit dem Auftraggeber festlegen. Durch die Übermittlung von Informationsmaterial und spezifischen Unterlagen leistet der Auftraggeber einen entscheidenden Beitrag zur Vorbereitung und damit zum Gelingen der Verdolmetschung.

Checkliste: Nützliche Vorbereitungsmaterialien:

- Allgemeine Informationen zur Veranstaltung: Ort, Zeit, Teilnehmerzahl/-liste usw.
- Allgemeine Vorbereitungsunterlagen:
  - Hintergrundinformationen zum Kunden (Homepage)
  - Tagesordnung
  - Rednerlisten, Rednerbiografien
  - spezielle Kundenterminologie
  - Informationen über Verhandlungs-/Gesprächsparteien
- Spezielle Vorbereitungsunterlagen:
  - PowerPoint-Präsentationen
  - Abstracts
  - Redemanuskripte
  - Konferenzmappe (in verschiedenen Sprachen)
  - Regieplan
  - Dokumente (Verträge, Vereinbarungen, aus denen zitiert werden könnte)
  - Presseerklärungen
  - Produktbroschüren (evtl. Datenblätter, sonstige technische Dokumentation)
  - Dokumente, die verlesen werden sollen (Entschließungen, Gedichte, Bibelzitate etc.)

  - Protokolle vorausgegangener Sitzungen, Schriftverkehr, Vertragsentwürfe
  - Relevantes Bild- und Tonmaterial und zugehörige Skripte
- Sonstige Unterlagen

Unter Umständen empfiehlt sich im Vorfeld der Veranstaltung ein Briefing mit dem Veranstalter, den Dolmetschern und den Rednern.

▶ Weisen Sie die Referenten frühzeitig auf den Vorbereitungsbedarf der Dolmetscher hin. Referenten gehen mit ihren Materialien (ihrem Wissen) oft sehr zurückhaltend um. Bei Buchung qualifizierter Konferenzdolmetscher von Berufsverbänden, die ihre Mitglieder einer Verschwiegenheitspflicht unterwerfen, kann den Referenten absolut vertrauliche Behandlung zugesichert werden. Dies ist gerade bei hybriden und virtuellen Events von Belang, bei denen Referenten nur „abgespeckte" Vortragsfassungen zur Anzeige für die Teilnehmer einreichen, um ihr Wissen „zu schützen", die Dolmetscher für die angemessene Vorbereitung jedoch ausführliche Fassungen benötigen.

Auswahl von Dolmetschern/ Zusammenstellung von Dolmetscherteams

6

In diesem Kapitel wird die im Dolmetschermarkt übliche Sprachkategorisierung dargestellt, aus der sich die Einsetzbarkeit eines Dolmetschers für bestimmte Sprachrichtungen und Konfigurationen ergibt. Im Abschn. 6.2 werden verschiedene Einsatzkonfigurationen erläutert und anhand von Beispielen veranschaulicht.

6.1 Sprachkombinationen – Grundlage für die Auswahl von Dolmetschern

Konferenzdolmetscher kategorisieren ihre Arbeitssprachen international einheitlich:

A-Sprache: Muttersprache
B-Sprache: Der Konferenzdolmetscher dolmetscht aus dieser und in diese Sprache.
C-Sprache: Der Konferenzdolmetscher dolmetscht nur aus dieser Sprache.

Beispiel: Eine Dolmetscherin hat die folgende Sprachkombination:
A: Deutsch, B: Französisch, C: Englisch, Spanisch
Sie dolmetscht Deutsch⇔Französisch in beide Richtungen und zusätzlich Englisch/Spanisch⇒Deutsch.

Bei der Planung von mehrsprachigen Veranstaltungen lassen sich hiervon die Sprachkombinationen ableiten, für die ein Konferenzdolmetscher eingesetzt werden kann. Im gegebenen Fall könnte die Dolmetscherin in einer bidirektionalen

J. Böhm et al., *Simultandolmetschen*, essentials,
DOI 10.1007/978-3-658-19228-0_6

deutsch⇔französischen Kabine oder in einer Muttersprachlerkabine mit Französisch/Englisch/Spanisch⇒Deutsch eingesetzt werden (Konfigurationen: siehe nächstes Kapitel).

6.2 Konfigurationen – Abdeckung der Sprachkombinationen beim Simultandolmetschen

Beim Simultandolmetschen werden **zwei Hauptkonfigurationen** unterschieden:

- **Bidirektionale** Kabinen (biaktives Dolmetschen): Hierbei arbeiten die Dolmetscher einer Kabine in zwei Sprachen („hin und her").
- **Unidirektionale** Kabinen: Hierbei arbeiten die Dolmetscher einer Kabine nur in eine Richtung, üblicherweise in ihre Muttersprache, weshalb diese Form auch „Muttersprachlerkabinen" genannt wird.

Die Wahl der Konfiguration wird dadurch bedingt, welche Sprachen bei der Veranstaltung gesprochen und welche Sprachen den Teilnehmern angeboten werden sollen.

Überblick über unterschiedliche Konfigurationen
Bidirektionale Kabine bei zwei Konferenzsprachen

▶ Bei dieser Konfiguration arbeiten die Dolmetscher einer Kabine in beide Sprachrichtungen.

Beispiel (Abb. 6.1): Bei einem deutsch-italienischen Symposium zum Thema Mode übertragen die Konferenzdolmetscher in der (deutsch-italienischen) Kabine deutsche Redebeiträge ins Italienische und italienische Redebeiträge ins Deutsche.

Bidirektionale Kabinen bei mehr als zwei Konferenzsprachen
Durch geschickte Teamzusammenstellung, d. h. durch Auswahl von Konferenzdolmetschern, die mehr als zwei Arbeitssprachen der richtigen Kategorie anbieten, können zusätzlich weitere Sprachkombinationen direkt abgedeckt werden.

Beispiel (Abb. 6.2): Bei einem Lasertechnik-Fachsymposium mit deutsch-, französisch- und englischsprachigen Teilnehmern ist das Dolmetscherteam so zusammengesetzt, dass alle Richtungen direkt abgedeckt werden können.

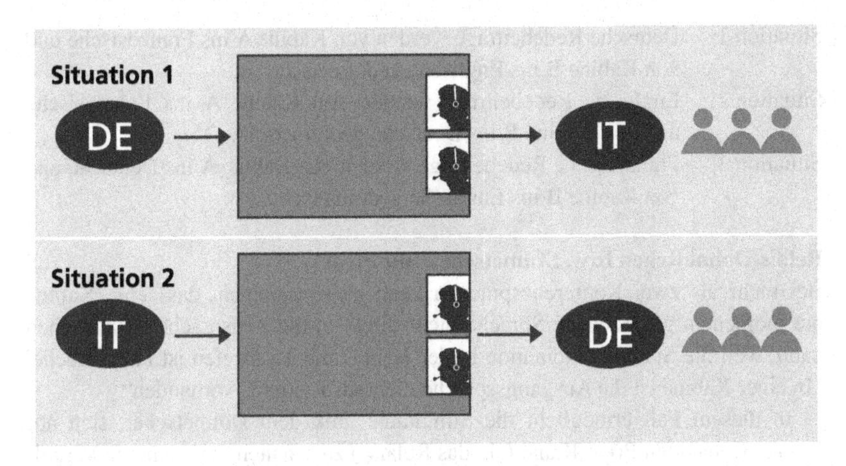

Abb. 6.1 Bidirektionale Kabine bei zwei Konferenzsprachen. (Quelle: Eberhardt 2006)

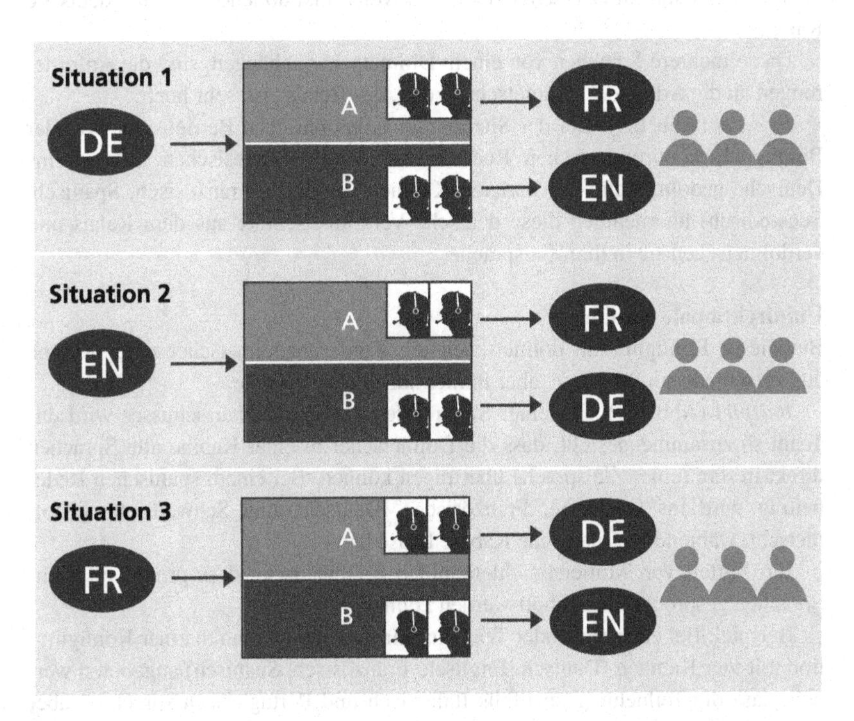

Abb. 6.2 Bidirektionale Kabine bei mehr als zwei Konferenzsprachen. (Quelle: Eberhardt 2006)

Situation 1: Deutsche Redebeiträge werden von Kabine A ins Französische und von Kabine B ins Englische gedolmetscht.

Situation 2: Englische Redebeiträge werden von Kabine A ins Französische und von Kabine B ins Deutsche gedolmetscht.

Situation 3: Französische Redebeiträge werden von Kabine A ins Deutsche und von Kabine B ins Englische gedolmetscht.

Relais-Dolmetschen bzw. Dolmetschen mit Pivot

Bei mehr als zwei Konferenzsprachen kann es vorkommen, dass eine Kabine die momentan gesprochene Sprache nicht direkt in die Zielsprache dolmetschen kann, weil die Sprachkombination in der Kabine nicht vertreten ist Fachsprache: „In einer Kabine ist die Ausgangssprache nicht als B oder C vorhanden".

In diesem Fall ermöglicht die Simultantechnik dem Dolmetscher, sich auf einen sogenannten Pivot-Kanal („in das Relais") zu schalten, von dem die Verdolmetschung des aktuellen Redebeitrags aus einer der anderen Kabinen übernommen werden kann. In Deutschland ist der Pivot-Kanal üblicherweise der deutsche Kanal.

Da so mehrere Sprachen von einem Dolmetscher abhängen, sind die Anforderungen an die Arbeit des Dolmetschers, der „das Relais" ist, sehr hoch.

Beispiel (Abb. 6.3): Bei der Sitzung eines europäischen Betriebsrats wird der Beitrag eines portugiesischen Redners von der „portugiesischen Kabine" ins Deutsche gedolmetscht. Die anderen Kabinen (Englisch, Französisch, Spanisch, Schwedisch) übernehmen diese deutsche Verdolmetschung aus dem Relais und verdolmetschen sie in ihre Zielsprache.

Unidirektionale Kabinen

Bei dieser Konfiguration dolmetschen die Konferenzdolmetscher einer Kabine aus verschiedenen Sprachen, aber immer nur in eine Sprache.

Beispiel (Abb. 6.4): Bei einer Sitzung des EU-Fischereiausschusses wird das Team so zusammengestellt, dass die Dolmetscher in einer Kabine alle Sprachen direkt in ihre (eine) Zielsprache übertragen können. Bei einem spanischen Redebeitrag wird ins Englische, Französische, Deutsche und Schwedische gedolmetscht, während die spanische Kabine Pause hat.

Ein Vorteil von Muttersprachlerkabinen besteht darin, dass prinzipiell mehr Sprachen gesprochen als gehört werden können.

Beispiel: Bei entsprechender Teamzusammenstellung kann in einer Konfiguration mit vier Kabinen (Deutsch, Englisch, Französisch, Spanisch) angeboten werden, dass die Teilnehmer ebenfalls Italienisch und Portugiesisch sprechen (aber nicht hören) können.

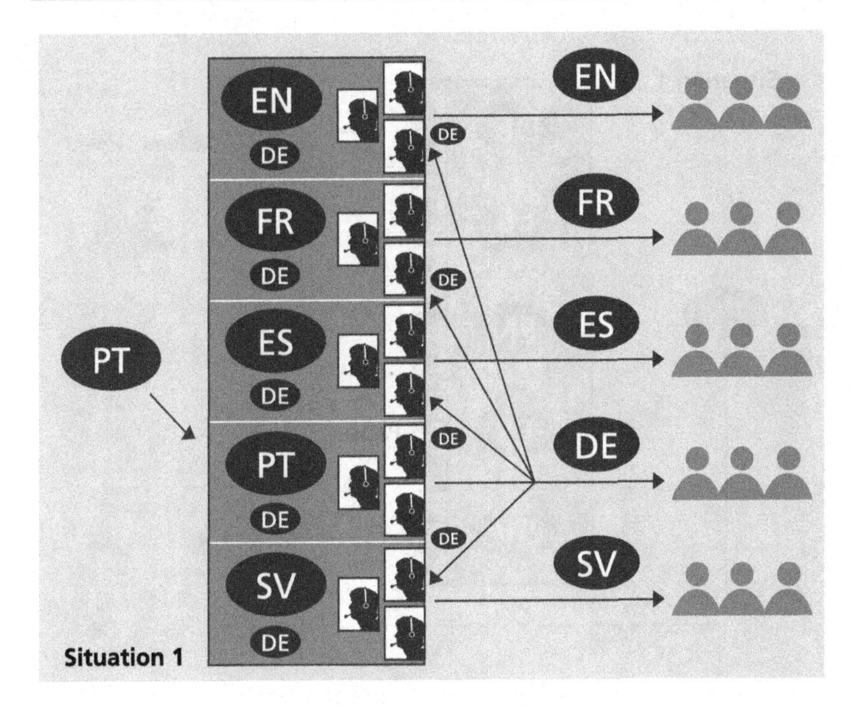

Abb. 6.3 Relais-Dolmetschen. (Quelle: Eberhardt 2006)

Die vorhergehenden Ausführungen zeigen, dass die Zusammenstellung von Dolmetscherteams sehr komplex sein kann, dass die ideale Konfiguration von einer Vielzahl von Faktoren abhängig ist und dass sich kurzfristig oder vor Ort nicht unbedingt noch Korrekturen vornehmen lassen.

▶ Ein kompetenter Beratender Dolmetscher empfiehlt in Abhängigkeit von der Veranstaltungssituation, den anfallenden Sprachrichtungen und den Vorgaben des Kunden die passende Konfiguration und kümmert sich zentral um die Optionierung/Buchung der Dolmetscher (siehe Kap. 7).

Konfigurationen bei anderen Dolmetscharten

Beim **Konsekutiv- und Gesprächsdolmetschen** wird in der Regel **bidirektional** gearbeitet, d. h. mit Dolmetschern, die die erforderlichen Sprachen als A- oder

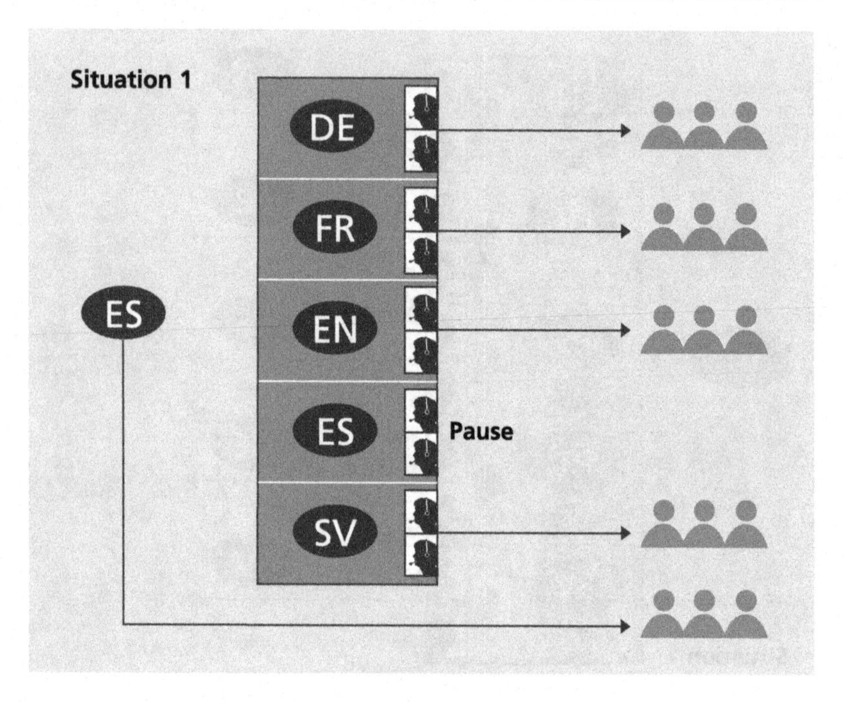

Abb. 6.4 Unidirektionale Kabinen. (Quelle: Eberhardt 2006)

A-/B-Sprachen haben und „hin- und herdolmetschen". Da sich beim Konsekutivdolmetschen der Zeitrahmen durch die nachfolgende Verdolmetschung ohnehin verdoppelt, ist es nur in ganz seltenen Fällen sinnvoll und angemessen, zwischen mehr als zwei Sprachen konsekutiv dolmetschen zu lassen.

Beim **Flüsterdolmetschen** könnte **unidirektional** gearbeitet werden, wenn die zu bedolmetschende Person als reiner Zuhörer teilnimmt und sich selbst nicht zu Wort meldet. In der Realität kommt jedoch meist eine **bidirektionale** Mischform zum Einsatz – bei der für einen oder maximal zwei fremdsprachige Teilnehmer simultan geflüstert und deren Redebeiträge für die übrigen Teilnehmer konsekutiv gedolmetscht werden.

▶ **Kabinenanzahl** Wird nach dem Prinzip der unidirektionalen Kabinen gearbeitet, werden so viele Kabinen benötigt, wie „aktive" Sprachen, in die gedolmetscht wird, vertreten sind ($n_{Kabinen} = n_{AktSprachen}$). Bei bidirektionalen Kabinen jeweils eine weniger ($n_{Kabinen} = n_{AktSprachen} - 1$).

Beratende Dolmetscher – Mehrwert für Event-Manager

7

Die Verdolmetschung lässt sich – wie bei anderen Gewerken – zentral über Spezialisten, hier sogenannte Beratende Dolmetscher, buchen und koordinieren. Diese liefern als „Dolmetsch-Caterer" beträchtlichen Mehrwert für Event-Manager und tragen damit zum Gelingen des Events und zur Kundenzufriedenheit bei. Beratende Dolmetscher können sich bereits bei der Budgetierung als äußerst hilfreich und wichtig erweisen. Bei der Auswahl ist vor allem darauf zu achten, dass der „Dolmetsch-Caterer" selbst als aktiver Dolmetscher tätig ist.

7.1 Auswahlkriterien – Beratende Dolmetscher

Wie die Titel „Dolmetscher", „Simultandolmetscher" usw. (siehe Kap. 2) ist auch der Titel „Beratender Dolmetscher" nicht geschützt. Ein Event-Manager muss deshalb bei der Auswahl geeignete Kriterien zur Anwendung bringen.

Erstens sollte der Beratende Dolmetscher selbst als aktiver Dolmetscher tätig sein, bei einem größeren Dienstleister sollten inhouse ein oder mehrere aktive Dolmetscher arbeiten. Nur wer über einschlägige Erfahrung aus einer Vielzahl unterschiedlicher Events verfügt, kann Probleme antizipieren und durch entsprechende Beratung vorbeugen.

Bei Übersetzungsbüros und -agenturen, deren Tagesgeschäft sich auf die Vergabe schriftlicher Übersetzungen konzentriert, fehlt dieses Wissen in der Regel.

Beispiel: Der Auftraggeber fragt beim Event-Manager zehn Empfänger/Kopfhörer an, da zehn ausländische Gäste erwartet werden. Auf Rückfrage des Beratenden Dolmetschers stellt sich heraus, dass Frage- und Antwortrunden geplant sind und sich hierbei auch die ausländischen Gäste in ihrer Sprache beteiligen werden, sodass sehr wohl auch Equipment für die übrigen Gäste benötigt wird.

J. Böhm et al., *Simultandolmetschen,* essentials,
DOI 10.1007/978-3-658-19228-0_7

Diese Beratung kann ein versierter Beratender Dolmetscher leisten, weil ihm gängige Konferenzabläufe vertraut sind. Ein Dienstleister, dessen Tagesgeschäft in der Abwicklung schriftlicher Übersetzungen besteht, wird eine solche Frage vermutlich nicht stellen.

Ein weiterer Vorteil eines aktiven Dolmetschers besteht darin, dass er auf der Grundlage seiner Erfahrung und seiner Marktpräsenz über ein Netzwerk ihm bekannter Dolmetscher verfügt, deren Fähigkeiten, Spezialisierungen (Fachgebiete) und Eignung für ein bestimmtes Projekt er sicher und unmittelbar beurteilen kann. Ebenfalls kennt er die Fachkräfte vor Ort oder in unmittelbarer Nähe des Veranstaltungsorts, die so ohne weitere Nebenkosten eingesetzt werden können.

Über das weit verzweigte Netzwerk der Konferenzdolmetscher kann er zudem verlässliche Empfehlungen und Referenzen über Kollegen – etwa für Destinationen, in denen er bislang nicht tätig war – einholen und solche Aussagen kompetent beurteilen.

Als „Dolmetscher Plus" sollte er dieselben Kriterien erfüllen, die bereits in 5.4 erwähnt sind, beispielsweise

- Hochschulausbildung (Dipl.-Dolmetscher, Master);
- Kompetenter Auftritt und sachdienliche Beratung;
- Mitgliedschaft in einem einschlägigen Berufsverband (Qualitätssicherung durch Aufnahmekriterien, Ehrenkodex, Fort- und Weiterbildung);
- Erfahrung belegt durch Referenzen (thematisch und Veranstaltungsart).

▶ Nur ein Teil dieser Kriterien lässt sich alleine anhand von schriftlichen Angaben prüfen. Erschwerend kommt hinzu, dass auch im Sprachdienstleistungsmarkt die Unsitte des „CV-Phishing" (skrupellose Nutzung von Lebensläufen zum Vortäuschen falscher Referenzen) um sich greift, weshalb sich Event-Manager durch persönliche Gespräche oder die tatsächliche Überprüfung von Referenzen bei angegebenen Referenzkunden „Sicherheit und Gewissheit über die Leistungen und Qualität verschaffen" sollten (von Graeve 2017, S. 57). Auch die Art der Beratung im Vorfeld eines Angebots gibt Aufschluss über die Erfahrung, die Qualifikationen und das Engagement eines Beratenden Dolmetschers.

7.2 Leistungsbereiche und Mehrwert

Die Bereitstellung eines Dolmetscherteams umfasst zahlreiche Aufgaben wie etwa die Festlegung der Teamkonfiguration und -zusammenstellung (siehe Abschn. 6.2), die sehr komplex sein können und umfangreiches Fachwissen erfordern. Ein Beratender Dolmetscher (Englisch: Consultant Interpreter) nimmt dem Event-Manager als „Kompetenzzentrum" einen umfangreichen Teilbereich der Organisationsarbeit ab und unterstützt ihn bei der Erreichung der Projektziele, die im Einklang mit den generellen Zieldimensionen des Projektmanagements als „in time", „in budget" und „in quality" festgelegt werden können (Bauer 2017, S. 538).

Ein bereits in einer frühen Angebots- oder Budgetierungsphase hinzugezogener Beratender Dolmetscher kann sich als vorteilhaft erweisen, z. B. durch die Entwicklung budgetschonender Varianten bei gegebenem Leistungsumfang.

Beispiel Bei einer Anfrage für eine zweitägige medizinische Fachkonferenz umfasste Tag 1 einen durchgehenden Vortragsstrang im Plenum. An Tag 2 waren nach dem Mittagessen nach Ländern getrennte Workshops ohne Verdolmetschung und danach nochmals ein gemeinsamer Plenumsstrang vorgesehen. Aufgrund des Veranstaltungsorts (Rom), des Termins (Freitag und Samstag) und der Arbeitssprachen (u. a. mehrere osteuropäische Sprachen) hätten die Dolmetscher bei dieser Programmplanung abends nicht mehr abreisen können. Es wären zusätzliche Kosten wie Abreisehonorare für den Folgetag, Hotel, Spesen usw. angefallen. Auf Nachfrage des Beratenden Dolmetschers stellte sich heraus, dass Workshops und Vortragsstrang am Nachmittag des 2. Tags ohne Probleme für das Programmkonzept getauscht werden konnten. Damit konnten die Dolmetscher noch abends nach Hause reisen, was zu erheblichen Kosteneinsparungen und damit einer Entlastung des Veranstaltungs-Budgets führte.

In diesem Beispiel leistete der Beratende Dolmetscher einen Beitrag zur Optimierung der Zieldimension „in budget", ohne Einschränkungen bei der weiteren maßgeblichen Zieldimension „in quality". Eine solche Einsparung aufgrund der Beratungsleistung kann beim Endkunden ausschlaggebend für die Auswahl von Anbietern sein.

Als Projektverantwortlicher für das Gewerk „Dolmetschen" entlastet der Beratende Dolmetscher den Event-Projektmanager, indem er als Ansprechpartner und Schnittstelle für das gesamte Team fungiert und die organisatorische und fachliche Vorbereitung zentral koordiniert. Dabei übernimmt er beispielsweise die Aufgabe, das Vorbereitungsmaterial zu erfragen und an sein Team zu verteilen.

Leistungsbereiche eines Beratenden Dolmetschers:

- Erstellung von Angeboten:
  - mit Optionierung – also Reservierung der optimal passenden Teambesetzung (siehe Abschn. 7.3)
  - nur zur Orientierung (ohne Optionierung) etwa zu Budgetierungszwecken
- Beratung im Vorfeld zu folgenden Themen: Planung/Organisation, Räumlichkeiten, Programmablauf, Konferenz-/Dolmetschtechnik usw.
- Organisation von Dolmetschern bzw. Zusammenstellung von Dolmetscher-Teams und Benennung eines Team-Chefs als zentralen Ansprechpartner während des Events
- Gesamtkoordination und organisatorische Abwicklung des Projekts:
  - Abschluss der Verträge mit Event-Agentur/Auftraggeber und den Dolmetschern
  - Gegebenenfalls Organisation der Konferenz-/Dolmetschtechnik mit kompetenten Anbietern, alternativ: Beratung und ggf. Bereitstellung von Spezifikationen
  - Unterstützung des Event-Managers/Auftraggebers bei der logistischen/organisatorischen Vorbereitung (Abschn. 7.4)
  - Zentrale Abwicklung der fachlichen Vorbereitung (Bereitstellung von Vorbereitungsmaterialien, Briefings usw. – siehe auch Abschn. 5.5) und sämtlicher Fragen, die sich vonseiten der Dolmetscher ergeben können
  - Zentraler Ansprechpartner für Fragen des Auftraggebers
  - Zentrale Rechnungsstellung und -abwicklung (Dolmetscher und gegebenenfalls Simultandolmetschtechnik)
  - Nachbereitung/Debriefing zur Veranstaltung in Zusammenarbeit mit dem Auftraggeber (eventuell im Vorfeld Ausarbeitung von dolmetschrelevanten Fragen für den Feedback-Fragebogen)

7.3 Typischer Ablauf eines Dolmetschprojekts

Nach der Kontaktaufnahme durch den Kunden nimmt der Beratende Dolmetscher eine exakte Bedarfsanalyse und Beratung für das geplante mehrsprachige Veranstaltungsprojekt vor. Wünscht der Kunde daraufhin ein Angebot, erfolgt die Zusammenstellung des Dolmetscherteams mit Optionierung der Konferenzdolmetscher. Bei noch vagen Anfragen kann auch ein Kostenvoranschlag zur Orientierung (ohne Optionierung von Dolmetschern) eingereicht werden. Nach der Einreichung des Angebots hat der Kunde Zeit zur Prüfung und es können weitere

Absprachen vorgenommen werden. Im Falle der Angebotsannahme bzw. des Vertragsschlusses erfolgt die Beauftragung des Dolmetscherteams durch den Beratenden Dolmetscher. Im weiteren Planungsverlauf werden Vorbereitungsmaterialien über den Beratenden Dolmetscher an die Dolmetscher übermittelt. Die Vorbereitung auf den Dolmetscheinsatz erfolgt auf Grundlage solcher Informationen und weitergehender Recherchen durch die Dolmetscher. Der Beratende Dolmetscher hält regelmäßigen Kontakt zum Auftraggeber – zwecks weiterer Planung und Organisation (siehe Abb. 7.1).

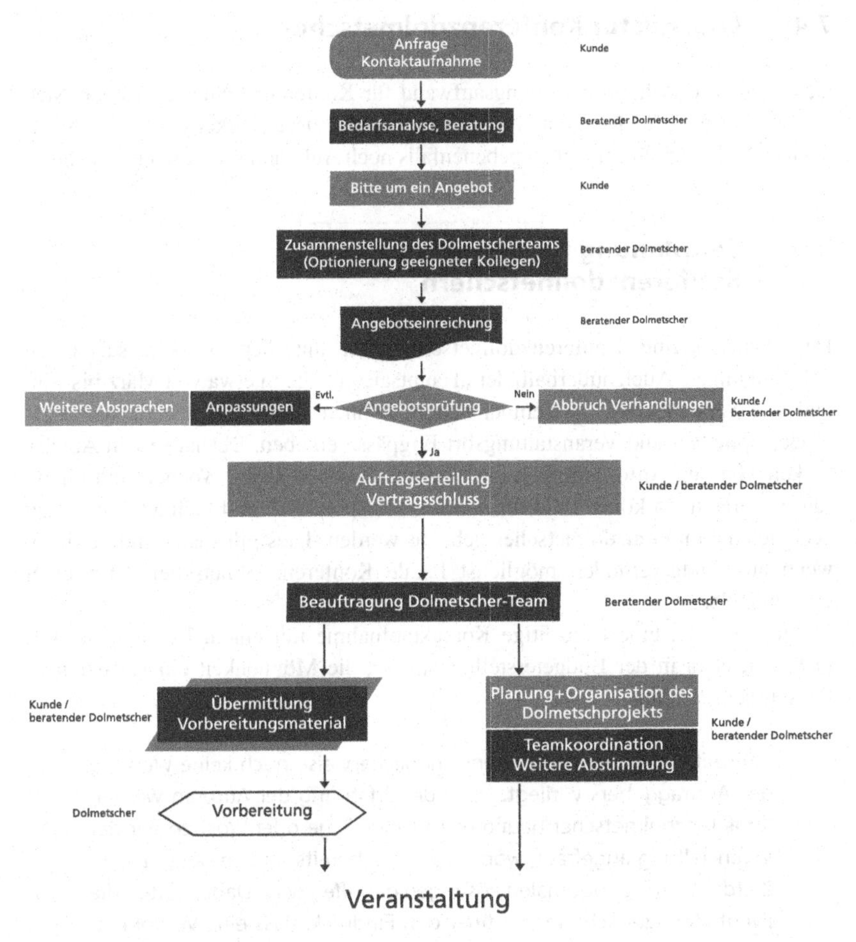

Abb. 7.1 Typischer Ablauf. (Quelle: Eberhardt 2006)

▶ **Option** Der Begriff **„Option"** sagt aus, dass diese Kollegen dem Beratenden Dolmetscher mitteilen, ob sie an dem angefragten Termin frei sind und diesen dann zunächst unverbindlich reservieren. Falls ein optionierter Dolmetscher während der Optionsphase ein anderes festes Angebot erhält, teilt er dies dem Beratenden Dolmetscher mit. Dieser klärt daraufhin i. d. R. mit dem Eventmanager, ob die Dolmetscher fest gebucht werden können oder die anderweitig angefragten Dolmetscher freigegeben und andere Kollegen an ihrer Stelle optioniert werden sollen.

7.4 Logistik für Konferenzdolmetscher

Der organisatorische Vorbereitungsaufwand für Konferenzdolmetscher deckt sich in etwa mit dem für Referenten (Hotelzimmer, Anreisen, Parkausweise, Mahlzeiten usw.). Zusätzlich entsteht gegebenenfalls noch Aufwand für Dolmetschtechnik.

7.5 Zeitplanung für den Einsatz von Konferenzdolmetschern

Der relativ kleine Konferenzdolmetschermarkt unterliegt starken saisonalen Schwankungen. Auch außerhalb der „Hauptsaison", die in etwa von März bis Juni und von September bis November dauert, können sich je nach Veranstaltungsgröße, Sprachen und Veranstaltungsort Engpässe ergeben. Deshalb ist in Abhängigkeit von den Anforderungen ein Vorlauf zwischen sechs Wochen und einem Jahr angeraten; so können die für den Einsatz sprachlich und fachlich am besten geeigneten Konferenzdolmetscher gebucht werden. Dies gilt insbesondere dann, wenn aus Budgetgründen möglichst lokale Konferenzdolmetscher verpflichtet werden sollen.

Zudem bietet eine frühzeitige Kontaktaufnahme mit einem Beratenden Dolmetscher, etwa in der Budgeterstellungsphase, die Möglichkeit einer effizienten Ressourcen-Planung.

▶ Frühzeitig anfragen, auch wenn möglicherweise noch keine Weisung des Auftraggebers vorliegt. Nach der Erfahrung der Autoren werden Konferenzdolmetscher häufig erst wenige Tage oder Wochen vor der Veranstaltung angefragt, wobei dann bei bereits hohem Budget- und Zeitdruck zu suboptimalen Lösungen gegriffen wird. Dabei hatten die Event-Manager schon viel früher den Eindruck, dass eine Verdolmetschung ratsam oder erforderlich sein würde, hierfür aber keine Anweisung oder Freigabe seitens des Auftraggebers.

In der DKTS-Arbeitshilfe (von Graeve 2017, S. 56) wird zur Zusammenarbeit mit externen Partnern empfohlen, zu Projektbeginn auch festzulegen, welche Zusatzleistungen gerne in Anspruch genommen würden, wenn das Budget dies erlaubte. Bezogen auf die Dolmetschleistungen spricht nichts dagegen, unverbindlichen Kontakt mit einem kompetenten Beratenden Dolmetscher aufzunehmen. Hierdurch erfährt der Event-Manager, wie sich die Situation für einen bestimmten Termin an einem bestimmten Ort mit einem bestimmten Fachgebiet und bestimmten Sprachkombinationen gestaltet. Der Beratende Dolmetscher wird dann – je nach Situation – die Optionierung von Dolmetschern anbieten. Auch wenn Optionen nur eine unverbindliche Reservierung darstellen, so beinhalten sie doch, dass der Beratende Dolmetscher den Event-Manager auf dem Laufenden hält und dieser verlässlich erfährt, wenn sich das Angebot für eine bestimmte Sprache oder an einem bestimmten Ort verknappt. Der Event-Manager kann dann reagieren und damit z. B. höhere Kosten vermeiden. Dies reduziert Stress und Zeitdruck – und vereinfacht die Entscheidung, falls kundenseitig kurzfristig Dolmetschbedarf festgestellt und angefordert wird.

Was Sie aus diesem *essential* mitnehmen können

Das (Simultan-)Dolmetschen wird hinsichtlich der Bedeutung für internationale Events nach wie vor unterschätzt, die Relevanz für den Event-Erfolg oft nicht erkannt. Dabei ist in der Begegnungskommunikation gerade die Sprache Träger von Emotion, Vermittler von Information und Grundlage von Networking.

Verdolmetschung bietet in diesem Zusammenhang einen wesentlichen Mehrwert für alle Beteiligten – insbesondere für Referenten und Teilnehmer: durch fachlich kompetente Ausdrucksfähigkeit sowie vollumfängliches Aufnehmen und Verstehen. Sprachliche Hürden, die beispielsweise das Stellen von Fragen (oder deren Beantwortung) hindern, werden entfernt, Missverständnisse vermieden und ein maximales Niveau an inhaltlicher Tiefe generiert.

Basis für den richtigen Umgang mit der Dienstleistungs-Komponente „Dolmetschen" ist ein grundlegendes Verständnis des Prozesses – von Beratungsleistungen im frühen Planungsstadium bis hin zur Umsetzung beim Event. Hier ist speziell die Vorlaufzeit zu beachten.

Darüber hinaus ist ein Verständnis für die technischen Komponenten erforderlich, die als Werkzeug für die Dolmetscher zur Verfügung gestellt werden müssen.

Qualifikation und Qualität der Dolmetscher determinieren das Ergebnis – weshalb bei nicht geschützten Berufsbezeichnungen und nicht explizit qualifizierten Quereinsteigern – den Berufsverbänden eine wichtige Rolle zukommt.

Im Zuge der Formatveränderung von Veranstaltungen – durch Hybridität und Virtualität – erfährt das Dolmetschen eine zusätzliche Bedeutungszuschreibung: erhöhte Reichweiten über Grenzen hinweg führen in der Regel auch in neue Sprachräume.

J. Böhm et al., *Simultandolmetschen*, essentials,
DOI 10.1007/978-3-658-19228-0

Literatur

Association Internationale des Interprètes de Conférence (2013). AIIC statistics 2012. AIIC Extranet. Nicht öffentlich zugänglich.

Bauer, T. (2017) *Projektmanagement für Kongresse*. In: Bühnert, C., Luppold, S. (Hrsg.), Praxishandbuch Kongress-, Tagungs- und Konferenzmanagement (S. 535–564) Wiesbaden: Springer Gabler.

Brandt, W. (o. J.) zitiert nach Bachmann, D. und Wägenbaur, T. (2009) Diskussion des Kulturbegriffs und Implikationen aus der Praxis in: Bahl, A. (2009) Kompetenzen für die globale Wirtschaft, Bonn: Bundesinstitut für Berufsbildung, S. 65

Brockhaus (2001). Die *Enzyklopädie in 24 Bänden. Studienausga*be. 20. aktualisierte Auflage. Mannheim: Brockhaus Verlag.

Bühnert, C. (2013a). *Teilnehmermanagement*. In: Dinkel, M., Luppold, S., Schröer, C. (Hrsg.), Handbuch Messe-, Kongress- und Eventmanagement (S. 189–194), Sternenfels: Verlag Wissenschaft und Praxis.

Bühnert, C. (2013b). *Veranstaltungsformat*. In: Dinkel, M., Luppold, S., Schröer, C. (Hrsg.), Handbuch Messe-, Kongress- und Eventmanagement (S. 199–212), Sternenfels: Verlag Wissenschaft und Praxis.

Bundesverband der Dolmetscher und Übersetzer (BDÜ) (2009). Markt für Sprachdienstleistungen wächst rasant. Website des BDÜ. http://www.bdue.de/uploads/media/1574_BDUe_Sprachdienstleistungsmarkt_waechst_rasant_27.11.2009.pdf. Zugegriffen: 5. Januar 2017.

Eberhardt, A. (Hrsg.) (2006). *Konferenzdolmetscher: Kommunikationsprofis im Einsatz für Sie*. Sulzburg: VKD

Egberink, Y. (2016). *Am Anfang war das Wort - wie das Setup von Veranstaltungen die Interaktion hemmt & stärkt.* http://www.mice-club.com/magazin/artikel/am-anfang-war-das-wort. Zugegriffen: 28. Oktober 2016.

Fünfer, S. (2013). *Mensch oder Maschine? Dolmetscher und maschinelles Dolmetschsystem im Vergleich*. Berlin: Frank & Timme.

GCB (2016). *Future Meeting Space – Innovationskatalog Highlights*. http://future-meeting-space.de/wp-content/uploads/2016/10/GCB-FutureMeetingSpace_Innovationskatalog_Highlights_Videos. Zugegriffen: 27. Dezember 2016

GCB (2017). *Meeting- & EventBarometer Deutschland 2016/2017*. https://www.gcb.de/de/newsmeldung/news/meeting-eventbarometer-20162017.html. Zugegriffen: 24. Mai 2017.

J. Böhm et al., *Simultandolmetschen*, essentials,
DOI 10.1007/978-3-658-19228-0

Geisser, M. (2013). *Virtuelle Events*. In: Dinkel, M., Luppold, S., Schröer, C. (Hrsg.), Handbuch Messe-, Kongress- und Eventmanagement (S. 230–234), Sternenfels: Verlag Wissenschaft und Praxis.

Genscher, H.-D. (o. J.) zitiert nach Eberhardt, A. (Hrsg.) (2006). *Konferenzdolmetscher: Kommunikationsprofis im Einsatz für Sie*. Sulzburg: VKD.

Gile, D. (1995*): Basic Concepts and Models for Interpreter and Translator Training*. Amsterdam/Philadelphia: Benjamins.

Göll, E., Evers-Wölk, M. (2013): *Tagung und Kongress der Zukunft. Studie im Auftrag des German Convention Bureaus*. https://www.gcb.de/de/informationen/trends-und-innovationen/tagung-und-kongress-der-zukunft.html. Zugegriffen: 27. Mai 2017.

Goschmann, K. (2013). *Messe*. In: Dinkel, M., Luppold, S., Schröer, C. (Hrsg.), Handbuch Messe-, Kongress- und Eventmanagement (S. 137–139), Sternenfels: Verlag Wissenschaft und Praxis.

ICCA (2017). *ICCA Country and City Rankings 2016*. http://www.iccaworld.org/npps/story.cfm?id=6607. Zugegriffen: 27. Mai 2017

Kalina, S. (2005). *Quality Assurance for Interpreting Processes*. In: Meta: journal de traducteurs / Meta: Translators' Journal, Bd. 2 (S. 768-784).

Kalina, S. (2015). Preparation. In: Pöchhacker, F. (Hrsg.), Translation Studies (S. 318–319), Abingdon: Routledge.

Keysar, B., Hayakawa, S. and An, S. G. (2012). *The Foreign-Language Effect: Thinking in a Foreign Tongue Reduces Decision Biases*. Psychological Science, Bd. 23 Ausg. 6 (S. 661 ff). Sage Publications.

Kurz, I. (1994). *A look into the* "black box" *– EEG probability mapping during mental simultaneous interpreting*. In: Snell-Hornby, M., Pöchhacker, F., Kaindl, K. (Hrsg.), Translation Studies: An Interdiscipline. Amsterdam/Philadelphia: Benjamins.

Leitinger, E. (2013). Hybride Events. In: Dinkel, M., Luppold, S., Schröer, C. (Hrsg.), Handbuch Messe-, Kongress- und Eventmanagement (S. 120–123), Sternenfels: Verlag Wissenschaft und Praxis.

Luppold, S. (2013). *Event*. In: Dinkel, M., Luppold, S., Schröer, C. (Hrsg.), Handbuch Messe-, Kongress- und Eventmanagement (S. 70–72), Sternenfels: Verlag Wissenschaft und Praxis.

Mack, G., Cattaruzza, L. (1995): *User Surveys in Simultaneous Interpretation: A Means of Learning about Quality and/or Raising some Reasonable Doubts*. In: Tommola, J. (Hrsg.), Topics in Interpreting Research, Turku, University of Turku, S. 51–68.

Mead, P. (2015). *Remote Interpreting*. In: Pöchhacker, F. (Hrsg.), Translation Studies (S. 346–347), Abingdon: Routledge.

Moser-Mercer, B. (2003). *Remote interpreting: Assessment of human factors and performance parameters*. http://aiic.net/p/1125. Zugegriffen: 10. November 2016.

Moser-Mercer, B. (2005). *Remote Interpreting: Issues of Multi-Sensory Integration in a Multilingual Task*. In: *Meta: journal des traducteurs/Meta: Translators' Journal, vol. 50, n°2, 2005* (S. 727–738). https://www.erudit.org/fr/revues/meta/2005-v50-n2-meta881/011014ar/. Zugegriffen: 24. Mai 2017.

Mouzourakis, T. (2003): *That feeling of being there: vision and presence in remote interpreting*. http://aiic.net/p/1173. Zugegriffen: 10. November 2016.

Ottmann, A. (2017). *Best Practices Übersetzen und Dolmetschen*. Berlin: BDÜ Fachverlag.

Peschka, J. u. Ziegler, K. (2016). *Dolmetschkabinen und -Technik. Novellierung der Normen.* In: Verband der Konferenzdolmetscher (VKD) im BDÜ e.V. (Hrsg.), *VKD Kurier, Ausg. Dezember 2016, Nr. 4, 19. Jahrgang* (S. 14 f). Frankfurt: VKD.

Pym, A., Grin, F., Sfreddo, C., Chan, A. (2012). *The status of the translation profession in the European Union.* http://www.termcoord.eu/wp-content/uploads/2013/08/The_status_of_the_translation_profession_in_the_European_Union.pdf. Zugegriffen: 24. Mai 2017.

Rütten, A. (2017). *Wissensmanagement im Konferenzdolmetschen – ein bisschen Theorie.* Blog-Artikel. Blog dolmetscher-wissen-alles.de. http://blog.sprachmanagement.net/?p=1360. Zugegriffen: 27. April 2017.

Sporer, T., Fischer J.-O., Liebetrau, J., Fröhlich, D., Schneider, S., Kämpf, S. (2010): *Definition of an Objective evaluation method for assessing the minimal quality of digital video and audio sources required to provide simultaneous interpretation. Final Report* (S.71 ff). Fraunhofer IDMT. http://ec.europa.eu/dgs/scic/docs/working_with_int/inf_tech_group/2010-12/fraunhofer_study_2010_final_report.pdf. Zugegriffen: 10. Januar 2017.

Statista (2017). *Umsatz der Branche Übersetzen und Dolmetschen in Deutschland von 2008 bis 2013 und Prognose bis zum Jahr 2020 (in Millionen Euro).* https://de.statista.com/prognosen/400515/uebersetzen-und-dolmetschen-in-deutschland---umsatzprognose. Zugegriffen: 5. Januar 2017.

Statistisches Bundesamt (2016). *Volkswirtschaftliche Gesamtrechnungen. Bruttoinlandsprodukt ab 1970. Vierteljahres- und Jahresergebnisse.* https://www.destatis.de/DE/ZahlenFakten/GesamtwirtschaftUmwelt/VGR/Inlandsprodukt/Tabellen/Bruttoinland-Vierteljahresdaten_pdf. Zugegriffen: 5. Januar 2017.

The Language Technology Centre (TLTC). 2009. *Study on the size of the language industry in the EU. European Commission's Directorate-General for Translation.* http://www.bbc.com/future/story/20141117-the-ultimate-multi-taskers. Zugegriffen: 23. Dezember 2016.

VKD (2017). *Verband der Konferenzdolmetscher im BDÜ e.V.: Dolmetschen von A-Z.* http://vkd.bdue.de/ueber-uns/dolmetschen-von-a-z/. Zugegriffen: 12. Mai 2017.

Von Graeve, M. (2017). *Events professionell managen – Das Handbuch für Veranstaltungsorganisation.* 5. Auflage. Göttingen: Business Village GmbH.

Wikipedia (2016a). *Kollektive Intelligenz.* https://de.wikipedia.org/wiki/Kollektive_Intelligenz. Zugegriffen: 21. Dezember 2016

Wikipedia (2016b). *Simultandolmetschen.* https://de.wikipedia.org/wiki/Simultandolmetschen. Zugegriffen: 21.Dezember 2016.

Normen

DIN 2347:2017: *Übersetzungs- und Dolmetschdienstleistungen – Dolmetschdienstleistungen – Konferenzdolmetschen.*

DIN EN ISO 2603:2017: *Simultandolmetschen – Stationäre Kabinen – Anforderungen* (ISO 2603:2016).

DIN EN ISO 4043:2017-03 – *Simultandolmetschen – Mobile Kabinen – Anforderungen* (ISO/DIS 4043:2016).
DIN EN ISO 20108:2016-12 – Entwurf: *Simultandolmetschen - Qualität und Übertragung von Ton- und Bildeingang – Anforderungen* (ISO/DIS 20108:2016).
DIN EN ISO 20109:2017-03 [Neu] *Simultandolmetschen – Ausstattung – Anforderungen* (ISO 20109:2016).

Printed in the United States
By Bookmasters